Edition : BoD - Books on Demand
12/14 rond-point des Champs Elysées, 75008 Paris
Imprimé par Books on Demand GmbH, Norderstedt, Allemagne
ISBN : 9782322140428
Dépôt légal : avril 2017

Adopter SharePoint sans développer

Mon Digital WorkSpace avec SharePoint

| Tome 1 |

Par Frank Poireau

Préface de Patrick Guimonet,

MVP Office 365, Microsoft Regional Director

Travaillant depuis plus de dix ans maintenant à aider les entreprises dans l'optimisation de leur utilisation de SharePoint, comme Frank Poireau, j'ai fait le constat d'un produit très riche mais très difficile à appréhender dans sa globalité. La plupart des entreprises utilisatrices arrivent à SharePoint par la gestion des documents. Poussées par la nécessité de remplacer des systèmes de fichiers vieillissants ou rendus ingérables par des années d'utilisations intensives, sans maintenance adaptée, partant souvent avec de grandes ambitions, elles sont parfois freinées dans leurs élans autour de SharePoint par la richesse même du produit.

Microsoft a en effet conçu un système multiforme, doté de très riches capacités de paramétrages et de développement permettant de l'adapter parfois très rapidement et à faible coût, parfois au pris d'efforts plus conséquents, à la diversité des besoins des entreprises. À la différence de la plupart des outils comparables, SharePoint est configurable et paramétrable à un point tel qu'il peut « tout faire », c'est-à-dire au-delà de la gestion documentaire servir de portail pour l'entreprise, héberger un intranet, aider au partage des connaissances, consolider les outils décisionnels et les applications « Métier » éparpillés dans l'entreprise, etc.

Aussi se pose la question fondamentale : « SharePoint pour quoi faire ? » Pas de réponse universelle à cette question car chaque entreprise a un niveau de maturité différent dans la transformation numérique. Certaines ne sont qu'aux prémisses quand d'autres ont déjà franchi plusieurs niveaux de maturité. C'est pourquoi il est essentiel de répondre le plus tôt possible à cette question dans le contexte de VOTRE projet SharePoint pour pouvoir réussir celui-ci. Et ce livre, didactique, documenté, pragmatique vous fournit des clés essentielles dans cette démarche.

Frank Poireau, fort de son expérience reconnue et de sa maîtrise des sujets de gouvernance et d'adoption, a en effet très habilement structuré son retour d'expérience autour de cas concrets que l'on rencontre dans toutes les entreprises, même si les réponses, une fois encore, seront spécifiques à chaque cas particulier. Ces dix thématiques qu'il vous propose d'explorer sont autant de clés essentielles vers un déploiement réussi de l'outil. Je vous conseille donc vivement la lecture de ce livre qui ne pourra que vous apporter une ouverture large et un retour d'expérience très riche sur ce qui se fait dans d'autres environnements que le vôtre. Vous serez alors particulièrement bien armé pour tirer le meilleur du déploiement de SharePoint dans votre entreprise.

Pour aller au-delà il est intéressant de noter que SharePoint s'inscrit aujourd'hui dans une perspective beaucoup large du service Office 365 qui nécessite une approche très similaire à SharePoint pour être bien compris et bien utilisé. Aussi, réussir votre déploiement SharePoint n'est que le meilleur moyen de réussir votre déploiement Office 365.

Ce livre vous aidera à y arriver avec brio et aisance. Merci Frank pour cela.

Avant-propos | Un retour d'expérience pour améliorer votre adoption de SharePoint sans développer

Si vous tenez ce livre entre vos mains, c'est peut-être qu'à un moment donné, la question de l'efficacité de votre utilisation de SharePoint s'est déjà posée, se pose ou se posera bientôt.

Ce livre porte l'ambition de vous accompagner dans la résolution de la prétendue complexité de SharePoint à travers dix thèmes relatifs à l'adoption de SharePoint, basés sur les usages courants et singuliers que j'ai pu observer avec, à chaque fois, le constat que les utilisateurs passent à côté d'un certain nombre de fonctionnalités, amenuisant les effets de productivité bureautique promis par SharePoint.

Les cinq premiers thèmes abordés dans ce premier tome concernent les usages les plus courants rencontrés :

- 1 | Je ne possède pas une vision claire de tout ce que SharePoint peut apporter à mon organisation

- 2 | SharePoint me sert uniquement pour remplacer mon serveur de fichiers

- 3 | Je n'utilise que le système de gestion de version de SharePoint

- 4 | Je me suis contenté de reproduire les répertoires de mon serveur de fichiers dans mon SharePoint

- 5 | Je ne sais pas que je peux personnaliser les fonctionnalités de recherche de SharePoint pour créer des expériences Utilisateurs des plus adaptées

Un second tome abordera cinq aspects plus avancés de l'adoption de SharePoint, notamment les points méthodologiques de la conception et de la gouvernance au-delà de la seule vision du déploiement bureautique de l'outil :

- 6 | Je ne suis pas convaincu de la nécessité de déployer les fonctionnalités de réseau social de SharePoint dans ma future organisation de travail

- 7 | J'ignore que je peux créer des applications « Métier » sans devoir développer

- 8 | Je n'ai pas compris la place de SharePoint dans l'offre Business Intelligence (B.I.) de Microsoft

- 9 | J'ai entendu parler du « Digital WorkPlace » mais comment puis-je m'y prendre simplement avec SharePoint ?

- 10 | Je ne suis pas certain d'avoir mis en place une gouvernance efficace

À travers ces deux tomes, cet ouvrage vous donnera ainsi dix fois l'occasion d'améliorer vos connaissances de SharePoint et votre vision du poste de travail du futur : cet ouvrage s'adresse aux décideurs, concepteurs, développeurs ou administrateurs fonctionnels de SharePoint, c'est-à-dire à toute personne concernée par la conception et la bonne gouvernance d'un projet SharePoint.

VOUS ÊTES DÉCIDEUR

Au cours de mes missions, j'ai constaté quasi quotidiennement les états de fait développés au sein de cet ouvrage.

Une étude de l'AIIM réalisée fin 2014–début 2015[1] a confirmé que mon impression pouvait malheureusement être généralisée à tous les pays, pour toute taille d'organisation qui utilise SharePoint :

- Dans la grande majorité des cas, la perception des utilisateurs sur la valeur ajoutée d'un projet SharePoint se caractérise par un écart entre les promesses de départ et la réalité finalement vécue ;

- Dans 33 % des cas, le déploiement de la solution SharePoint est associé à un effort important, parfois douloureux pour répondre aux attentes initiales ;

- Dans 25 % des cas, le premier déploiement n'a ensuite pas été suivi d'évolution ;

- Pour autant, dans moins de 10 % des cas, les organisations ont envisagé le remplacement de la solution et seulement 1 % l'ont effectivement fait.

---

[1] L'enquête AIIM (Association for Information and Image Management ; www.aaim.org) a été menée auprès des membres de la communauté AIIM, composée d'organisations du monde entier de toute taille, durant les mois de décembre 2014 et janvier 2015 | Doug Miles, auteur du rapport Industry Watch Reports « Connecting and Optimizing SharePoint – important strategy choices » http://www.aiim.org/Research-and-Publications/Research

Les organisations sont finalement très réticentes à abandonner le projet SharePoint et elles ont raison compte tenu du fait que la tendance des dernières années est clairement en faveur d'investissements dans des « outils-plateformes » : investir dans un outil-plateforme plutôt que de multiplier des outils permet tout naturellement de rationaliser les achats de licence, de limiter les projets d'intégration, les coûts de formation et les contrats de tierce-maintenance.

Lorsque les organisations font le bilan du déploiement, elles doivent en profiter pour prendre conscience que le projet SharePoint est un projet de transformation numérique qui touche à l'organisation et que, pour mettre toutes les chances de réussite de son côté, un engagement fort est nécessaire pour introduire SharePoint dans les habitudes de travail de l'organisation bureautique :

- Pour éviter un défaut d'investissement, de planification et de communication, le management de l'organisation doit soutenir de façon forte et répétée l'initiative ;
- Pour parvenir à concevoir des solutions simples qui changent réellement la vie des utilisateurs dans leur activité quotidienne, il faut vérifier régulièrement le niveau de connaissances des collaborateurs impliqués ;
- La formation, l'accompagnement au changement et le suivi de l'engagement sont indispensables pour minimiser la résistance des utilisateurs et optimiser le retour sur investissement.

La question de la réussite du déploiement d'une solution SharePoint est donc au cœur de ce livre à travers les deux angles suivants :

- La mise en place de l'indispensable gouvernance fonctionnelle de la solution déployée,

- La formation aux fonctionnalités avancées, les plus souvent méconnues, qui améliorera la conception de la solution.

Il est fortement recommandé de former tous les acteurs impliqués dans la conception de la solution SharePoint, qu'ils soient concepteurs ou développeurs, de manière à éviter de reproduire ce qui est malheureusement trop communément admis pour les logiciels de la suite Office : n'utiliser que 10 % des fonctionnalités de Word, Excel, PowerPoint faute de formation alors que votre organisation paie 100 % du prix du logiciel...

VOUS ÊTES CONCEPTEUR

Que vous soyez concepteur « chef de projet » ou « correspondant Métier », ce livre va vous permettre d'aller à la découverte des fonctionnalités avancées de SharePoint. Mais, comme tout projet informatique, le concepteur doit avoir à l'esprit qu'il est en charge d'un projet de transformation de l'organisation. Cela fait de nombreuses d'années que les Directions des Systèmes d'Informations et les sociétés de services avec lesquelles elles travaillent disent avoir pris conscience que la partie purement informatique d'un projet ne correspond qu'à la partie émergente et finalement minoritaire du projet, que la majorité de l'effort devrait plutôt être portée sur l'accompagnement des utilisateurs.

Dans le contexte actuel de transformation digitale des organisations, ce discours persiste, ce qui prouve qu'on n'a pas encore réussi à faire ce que l'on prétend avoir compris qu'il fallait faire : la cause est identifiée depuis de nombreuses années puisque vous avez probablement entendu le discours sur des projets en échec, la faute à une emphase sur la technologie ou la technique au détriment de la satisfaction des utilisateurs dans l'utilisation de leur nouvel outil. Lorsque l'on écoute les utilisateurs au début d'un projet SharePoint, on identifie rapidement les risques encourus de leur présenter un nouvel outil : baignant dans leurs habitudes bureautiques depuis plus de 20 ans, ils ne comprennent pas forcément le bénéfice qu'ils auraient à changer leur façon de travailler, estimant que le traitement prioritaire de leurs e-mails les conduit à passer l'essentiel de leur journée de travail dans le logiciel de messagerie électronique. L'utilisateur souhaite continuer à assurer la réalisation de ses tâches dans ses applications-cœur de métier et son action de « Reporting », le plus souvent *via* le fameux « fichier Excel de fin de semaine ». Paradoxalement, il n'est donc pas rare de croiser des utilisateurs empêtrés dans la contradiction d'avoir trop d'e-mails à traiter, de ne pas avoir suffisamment de temps pour réaliser toutes leurs tâches mais ne trouvant finalement a priori qu'assez peu d'intérêt à changer leur façon de travailler. En tant que concepteur, une partie de votre mission est de convaincre ces utilisateurs en douceur, de préférence en adoptant une co-construction et le balisage de chemins d'adoption de leurs nouveaux usages. Avec le temps, la plupart des organisations utilisant SharePoint observe généralement (cf. l'étude de l'AIIM réalisée fin 2014–début 2015 citée ci-avant) :

- Une adoption positive effective naturelle ; 53 % ont vu une augmentation des utilisateurs actifs et 26 % d'entre elles ont indiqué qu'elles ont atteint le palier d'utilisateurs actifs qu'elles s'étaient fixé ;

- Restent que dans 18 % des cas, l'adoption de SharePoint rencontre des difficultés ; 15 % des organisations sont confrontées à des problèmes d'adoption et 3 % voient même le nombre d'utilisateurs baisser.

Ces difficultés d'adoption trouvent généralement leur origine sur la manière de conduire un projet informatique d'un genre « particulier » car SharePoint est rarement un « outil qui en remplace un autre » : c'est un progiciel d'entreprise que vous allez greffer à l'univers bureautique de vos collaborateurs, apportant une nouvelle couche de fonctionnalités qui améliorera la gestion électronique des actifs informationnels de votre organisation. Rechercher, enregistrer et classer l'information, gérer des versions, utiliser des workflows de validation et de publication, archiver... sont autant de fonctionnalités standards de SharePoint à introduire dans les habitudes de travail.

En fait, vous n'allez que très rarement introduire réellement de nouvelles pratiques ; en tant que concepteur, vous allez surtout formaliser, dans SharePoint, des modes opératoires qui se trouvaient généralement non structurés, en décryptant des échanges d'e-mails, en analysant l'historique des fichiers enregistrés sur les postes de travail et les espaces de partage ou de stockage... C'est la raison pour laquelle il vous faut appréhender SharePoint non pas comme remplaçant du serveur de fichiers mais comme l'outil de productivité collectif organisationnel complémentaire à la suite Office.

La suite Office installée sur le poste de travail utilisateur est à la productivité individuelle ce que SharePoint est à la productivité d'organisation. Par conséquent, les difficultés d'adoption courantes tiennent le plus souvent au fait que SharePoint est un produit très riche au niveau des fonctionnalités, avec malgré tout, un petit goût de « produit à finir soi-même » : ce sentiment de paradoxe s'explique par le fait qu'il faille paramétrer SharePoint. Dans l'univers bureautique ordinaire, il y a assez peu de paramétrage à réaliser sur les logiciels Office du poste de travail (charger les modèles de fichier de l'organisation dans les logiciels par exemple).

Comme l'outil touche à la collaboration entre les membres de groupes de travail, le paramétrage de l'outil va forcément être plus complexe car il va devoir convenir, au pire au groupe, au mieux à chacun des membres du groupe. Par conséquent, si vous possédez le « même SharePoint que votre voisin de palier », c'est que vous n'avez pas suffisamment investi dans « l'adaptation » de votre SharePoint à votre organisation.

Pour mettre toutes les chances de réussir de son côté, le concepteur devra non seulement posséder une solide connaissance des fonctionnalités de SharePoint mais également posséder, dès le départ, un état d'esprit visant à impliquer fortement les futurs utilisateurs dans le paramétrage de leur solution :

- Éviter de venir avec l'idée « remplacer une organisation de travail qui a fait ses preuves mais qui a atteint ses limites » et choisir l'attitude d'offrir de nouvelles façons de travailler, dans une démarche complètement centrée sur l'optimisation de la relation utilisateur (l'esprit de la norme ISO 9241-201) ; les futurs utilisateurs n'investiront du temps dans l'adoption de nouvelles façons de travailler que si vous les avez convaincus du bénéfice du changement ;

- Créer une solution « sur-mesure », adaptée à vos différents types d'utilisateur car ce ne sera pas à vos utilisateurs de s'adapter à SharePoint, c'est à vous d'adapter SharePoint à vos utilisateurs.

VOUS ÊTES CONSULTANT OU DÉVELOPPEUR

En tant que consultant ou développeur, ce livre vous présente des fonctionnalités avancées de SharePoint et vous apprend à les déployer concrètement par simple paramétrage. Néanmoins, ce livre insistera davantage sur ce à quoi peut servir concrètement les fonctionnalités plutôt que de lister précisément les modes opératoires : la raison est que les sites de support édités directement par Microsoft ou par les communautés sociales d'experts regorgent de ces descriptions détaillées.

Ce livre se focalise donc sur le lien entre les paramètres disponibles pour déployer la fonctionnalité de SharePoint et les usages qui en découleront. Pour cette raison, il est autant indispensable de connaître l'étendue des fonctionnalités standards de SharePoint que de réaliser une capture des besoins fidèle : comme je l'ai déjà constaté, cela permet d'éviter certains développements superflus et de faire des économies en évitant de « réinventer la roue » par simple méconnaissance du produit de base. Ce livre pourra aussi vous faire gagner du temps dans l'identification d'une fonctionnalité demandée par vos utilisateurs que la solution SharePoint standard ne peut couvrir sans développement complémentaire (en anglais, une étude de type « Gap Analysis » pour mesurer la concordance et l'écart entre la fonctionnalité proposée par le logiciel et la fonctionnalité désirée par l'utilisateur) : si le développement complémentaire est estimé indispensable, il sera intéressant de savoir de quelle manière SharePoint fonctionne pour ainsi éviter de partir sur une mauvaise base en « détournant » une fonctionnalité de son mode de fonctionnement initial. Bref, une bonne adaptation sur une bonne adoption.

1 | Je ne possède pas une vision claire de tout ce que SharePoint peut apporter à mon organisation

COMMENT SHAREPOINT EST UTILISÉ DANS LES ORGANISATIONS ?

Le succès de SharePoint n'est pas à démontrer : si on en croit Microsoft, SharePoint est la solution d'intranet collaboratif d'une organisation sur deux dans le monde, qu'elles aient choisi d'utiliser des versions SharePoint Server ou la version hébergée de Microsoft (SharePoint Online d'Office 365).

Mais quels en sont réellement les usages courants ?

Sur le visuel suivant représentant les données extraites du rapport AIIM | Industry Watch 2014, citées plus avant, les organisations déclarent utiliser SharePoint selon les différents usages suivants :

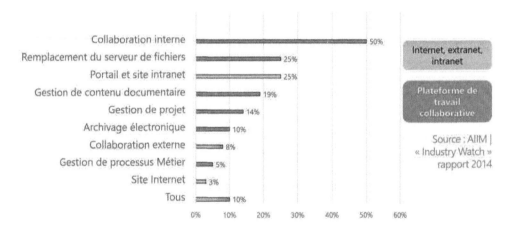

De ces données, je me suis permis de regrouper les usages de SharePoint en deux catégories :

- SharePoint est une solution de site intranet, extranet ou internet ;

- SharePoint est une solution de plateforme de travail collaboratif.

Ce qui n'apparaît pas dans ces usages déclarés relève des fonctionnalités de Réseau social d'entreprise (RSE) de SharePoint : aucune organisation ne déclare utiliser SharePoint en tant que réseau social ; cela est logique compte tenu de la concurrence organisée par Microsoft avec le service Cloud « Yammer », logiciel RSE par excellence.

Cela peut apparaître injuste car SharePoint possède tout ce qu'il faut pour être considéré comme un outil de RSE avec, en plus, un champ d'application évident ! Il ne suffit pas de vouloir être à la mode, être au fait des dernières tendances pour vous amener efficacement à adopter un RSE : au mieux, sans objectif « opérationnel », vous risquez de « faire du réseau social pour faire du réseau social » sans autre but clair : or, SharePoint peut vous permettre d'adopter les fonctionnalités et les bénéfices des outils RSE dans le but de muscler sa plateforme de travail collaboratif ! Cela vous permettra de tirer enfin bénéfice d'un RSE sans les inconvénients. Je développe cette thématique au chapitre 6 du tome 2, entièrement dédié au pourquoi et au comment de l'adoption de ces fonctionnalités. Conceptuellement, je synthétise l'ensemble des usages courants de SharePoint en présentant le mur des fonctionnalités principales (page suivante).

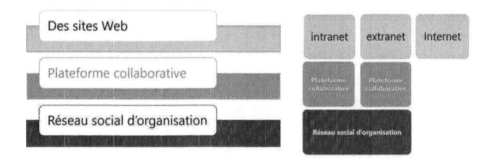

Vous pouvez ainsi créer :

- Réponse 1 | « Des sites web » :

  ✓ Un site intranet, pour des publics internes à l'organisation uniquement ;

  ✓ Un site extranet, pour des publics internes, externes autorisés d'accès uniquement, sur base d'un lien « invité » ou d'une étape d'identification ;

  ✓ Un site internet, par définition avec des accès pour tout public.

- Réponse 2 | « Des plateformes de travail collaboratif » :

  ✓ Intégrée ou non au site intranet traditionnel de l'organisation, une plateforme collaborative offrant aux utilisateurs internes un nouvel environnement de travail ;

  ✓ Intégrée ou non au site extranet qui pourrait contenir certaines informations-type de l'intranet, une plateforme de travail collaboratif offrant aux utilisateurs internes un nouvel environnement de travail avec l'écosystème de l'organisation (partenaires, clients...).

- Réponse 3 | « Un réseau social » d'entreprise ou autre organisation :

  ✓ Pour l'organisation uniquement, musclant les fonctionnalités de plateforme collaborative interne ;

  ✓ Pour l'organisation et son « écosystème », en support de la plateforme collaborative extranet.

Ces trois réponses sont détaillées dans les pages suivantes de ce chapitre.

> **Réponse 1 | SharePoint est une solution pour créer des sites internet, intranet et extranet**

SharePoint est une solution pour créer des sites web : dans le langage courant, « créer un site » correspond généralement à créer un site internet mais lorsque l'on précise intranet et extranet, les usages peuvent généralement varier et apporter ainsi une confusion dans l'esprit des interlocuteurs avec la définition de plateforme collaborative.

La définition de site que je présente dans cette réponse 1 pourrait être appliquée aux trois déclinaisons de site web (intranet, extranet et internet).

SharePoint permet la création d'un site dans sa mission traditionnelle, c'est-à-dire de communiquer de l'information « descendante », de l'organisation vers :

- L'ensemble ou partie des collaborateurs d'une organisation pour le site intranet,
- L'ensemble ou partie des collaborateurs d'une organisation et de son réseau externe (partenaires, clients...) pour le site extranet,
- L'ensemble des internautes pour le site internet ; à noter que la frontière entre le site internet et le site extranet est en train de disparaître, au profit du site extranet.

Parmi les objectifs actuels déclarés de l'organisation, les objectifs concernant le site intranet « classique » sont généralement les suivants :

- Permettre et faciliter la diffusion d'informations auprès de collaborateurs,
- Donner un accès rapide aux procédures et documents-clés de l'organisation,
- Tenir au courant les collaborateurs des évolutions concernant leur secteur, leur métier, leur poste de travail,
- Faciliter la communication entre les départements et les services,
- S'informer sur la vie de l'organisation.

Ces informations n'ont de commun que le fait qu'elles sont généralistes et proviennent de sources officiellement en charge de ces actions dans les organisations :

- Les informations véhiculées sont de type « descendantes », i.e. émanent de la direction de l'organisation ou des fonctions de support comme la Communication interne, les Ressources humaines, la Qualité ou d'autres processus de support[2] de l'organisation ;
- Les informations intéressent les collaborateurs dans leur plus grand ensemble mais elles peuvent néanmoins être diffusées *via* des canaux de diffusion ciblés.

Pour un site extranet ou internet, l'approche fonctionne également : l'objectif est de communiquer de l'information de type « descendante », qui émane d'une organisation

---

[2] Le concept de processus de « support » est présenté par Michael E. Porter dans sa vision de l'organisation, développée dans *L'avantage concurrentiel – Comment devancer ses concurrents et maintenir son avance*, Editions Dunod, Paris, 2003

vers ses membres, qu'ils soient dans ce cas, des partenaires ou des clients...

L'information de l'organisation de type « descendante » est en général de deux types :

- Les informations de type « actualités » (annonces, événements, newsletters...),

- Les informations de type « contenu de références et processus de support », remplaçant ainsi les serveurs de fichiers « publics », souvent gérés par les fonctions transversales ou secondaires de l'organisation : Administration, Ressources humaines, Communication, Marketing, Qualité, Support informatique...).

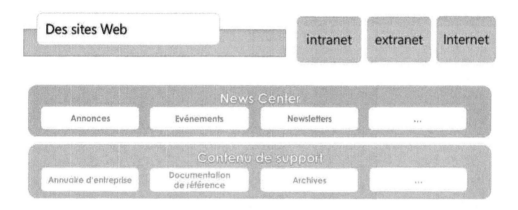

La raison pour laquelle on retrouve deux types d'usages principaux sur l'intranet (Actualités et Support) est qu'il existe deux types d'informations descendantes au regard de la fréquence de la mise à jour de nouveaux éléments d'informations et la pérennité de la qualité de l'information.

Le site de publication des actualités

Le site de publication des actualités remplace ainsi la newsletter, le journal d'entreprise ou des annonces relatives à la vie de l'organisation, auparavant véhiculées *via* des médias papier, puis vers des écrans publics (PowerPoint diffusé à l'accueil faisant la promotion des grands titres de la newsletter mensuelle ou informant de la présence de clients dans les locaux), à travers la messagerie électronique *via* des listes de diffusion, avant de trouver leur place sur l'intranet traditionnel apparu dans les années 2000. Contrairement aux e-mails qui présentent l'inconvénient de venir s'ajouter à une file de messages, l'intranet permet de proposer aux collaborateurs une place d'information permanente sur la vie de l'organisation. Sur cette place de publication des actualités, SharePoint offre la possibilité d'informer les collaborateurs :

- Sur des événements à venir,
- Des annonces officielles ou des alertes,
- De la mise à jour de données centralisées, comme l'annuaire d'entreprise.

Au travers de la présentation des fonctionnalités de publication avancée (traitée dans le tome 2, au chapitre 9), nous verrons que SharePoint offre également la possibilité :

- Aux utilisateurs de s'abonner eux–mêmes à des canaux d'actualités,
- D'informer spécifiquement certaines catégories de collaborateurs en fonction de leur fonction (manager, assistant...), de leur appartenance hiérarchique (direction, service, projet...) ou de leur statut dans l'organisation (« derniers arrivés »).

L'espace des contenus et applications de support

Au service des fonctions transversales de l'organisation, SharePoint permet de créer un « espace de support à l'utilisateur », comportant des informations généralistes :

- L'annuaire d'entreprise, des référentiels, des procédures et des modèles de documents de l'organisation que l'on trouvait déjà sur les intranets de première génération, au début des années 2000 ;

- Des services de support traditionnels (Help Desk IT, Help Desk RH, commande de fournitures, commande de repas...) mais également des nouveaux services qui voient le jour au fur et à mesure que les organisations adoptent les fonctionnalités de réseau social (« Parking Sharing », « Co-Running », « Never-Eat-Alone », etc.).

Nous dirons que SharePoint peut parfaitement convenir pour servir d'outil de communication interne et de partage d'informations de référence pour les fonctions « transverses » ou « horizontales » de l'organisation.

Ces types d'informations sont représentés suivant un axe relatif à la persistance de la pertinence de l'information ; en effet, par définition, les informations de type « actualités » ont une période de validité courte, voire très éphémère tandis que les informations de type « Contenu de support » ont une période de publication longue.

SharePoint peut tout à fait n'être utilisé que pour son usage attendu d'intranet de publication : néanmoins, un des points forts de l'outil est que la contribution ne reposera pas sur un webmaster dédié à l'intranet, comme c'était le cas dans les années 2000 mais sur des collaborateurs pouvant appartenir à différentes strates de l'organisation, gérant des news et des documents de support de façon décentralisée et collaborative, grâce aux fonctionnalités de plateforme de travail collaboratif !

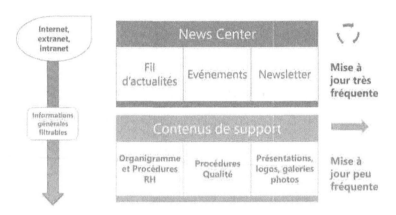

En effet, SharePoint est un outil modulaire, voulu paramétrable et utilisable pour des contributeurs simplement familiers des univers bureautique et Web ; par conséquent, nul besoin de posséder un profil technique de webmaster pour contribuer sur l'intranet ; une définition des droits de contribution et quelques heures de formation suffisent généralement pour que des contributeurs sachent publier directement leurs news, leurs événements, leurs newsletters ou autres publications « Corporate » sur l'intranet.

De ce fait, le taux d'occupation de la personne en charge de l'animation de l'intranet peut s'en trouver ainsi fortement allégé grâce aux fonctionnalités collaboratives permettant de décentraliser la contribution sur l'intranet (processus de validation, date et heure de publication, etc.). Le responsable de l'intranet peut ainsi se concentrer sur la mise en place et le suivi de la gouvernance de la contribution éditoriale, à travers un plan de contribution interne pour piloter les tâches de contribution décentralisées, comme un rédacteur en chef s'entoure de journalistes : le tome 2 possède un chapitre entièrement dédié à la mise en place d'une gouvernance efficace concernant la collaboration et la publication sur l'intranet traditionnel.

Enfin, ces fonctionnalités utiles pour l'animation de l'intranet traditionnel vont également être utilisées par un responsable de projet, d'équipe, de service, de département, d'une filiale pour apporter une information descendante de type « Actualités » ou « Support » à destination de ses collègues, au plus près de leurs préoccupations quotidiennes, sur leur plateforme de travail collaboratif. SharePoint permet ainsi de limiter le remplissage de la messagerie e-mail avec des informations internes et de privilégier la mise en place de canaux d'informations verticaux dans les plateformes de travail collaboratif, présentées pages suivantes.

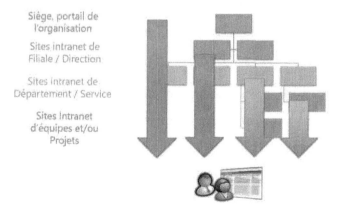

Siège, portail de
l'organisation

Sites intranet de
Filiale / Direction

Sites intranet de
Département / Service

Sites Intranet
d'équipes et/ou
Projets

Réponse 2 | SharePoint est une solution **pour créer des plateformes de travail collaboratif**

Les bénéfices d'une plateforme de travail collaboratif « au-dessus de la suite Office »

Deux actifs sur trois, soit près de 500 millions de personnes travaillent chaque jour à l'aide de la suite Microsoft Office : SharePoint est le progiciel Microsoft qui vient en complément de Microsoft Office pour produire, publier, conserver et retrouver des informations au sein des organisations. SharePoint apporte ainsi des fonctionnalités de collaboration à des postes de travail que l'on pense a priori et à tort « suffisamment connectés » *via* :

- Des espaces de stockage de document partagés,
- Des logiciels de communication comme Outlook ou Skype for Business.

Concernant la gestion des documents bureautiques, les utilisateurs travaillent souvent sur leur poste de travail personnel, avant d'enregistrer les fichiers sur des serveurs de fichiers partagés, avec le risque de constituer des doublons, des décalages de version et autant d'erreurs pouvant occasionner des retards ou des mauvaises informations...

Ainsi, l'espace de travail bureautique sans SharePoint est souvent caractérisé par des aires de travail cloisonnées, où des poches de productivité restent encore à découvrir : les utilisateurs passent une grande partie de leur temps de travail à traiter des e-mails et des pièces jointes, des tâches, des réunions et des contacts, réalisant de façon manuelle un travail de communication de leur activité et de coordination...

Les conséquences sont désastreuses en termes de :

- Productivité organisationnelle, dans un contexte économique et concurrentiel où les entreprises ne peuvent pas ralentir leur rythme ; au contraire, il est communément admis que les entreprises se doivent d'être toujours plus réactives pour s'adapter à l'évolution de leur environnement !

- Productivité personnelle car le collaborateur voit les tâches d'échange de l'information, de coordination des actions et de coproduction des activités occuper une place prépondérante dans sa journée de travail.

La situation est telle que l'on observe que :

- 40 % de la productivité est perdue par le simple fait de passer d'une tâche à l'autre ;

- 30 % des cadres disent que le plus grand de leur défi de l'exécution de la stratégie est le manque de coordination ;

- 25 % de la journée est perdue à cause de tâches non productives.

L'e-mail ne suffit pas pour communiquer avec ses collègues : bien au contraire, il est quasiment montré du doigt lorsqu'il s'agit de nommer ce qui est le plus envahissant sur une journée de travail. Le « trop d'e-mails » (200 à 300 e-mails quotidiens pour un CEO[3]) participe au phénomène de surinformation permanente dans lequel baignent les collaborateurs.

---

[3] Sources : Rescuetime.com | umich.edu | today.uci.edu | ics.uci.edu | citeseerx.ist.psu.edu | nytimes.com | salary.com

Cette surinformation alimente une tendance désastreuse qui s'accélère ces dernières années : le nombre d'e-mails reçus chaque jour multiplie les interruptions de travail ; une étude[4] a permis d'estimer que la durée moyenne de travail sans interruption a fondu d'un tiers entre 2004 et 2012, passant de 4 minutes maxi à un peu plus d'une minute. Bien entendu, l'e-mail n'est pas le seul fautif ; il existe d'autres tueurs de temps réels ou technologiques :

- Les collègues lorsque vous vous trouvez dans un environnement physique direct et les réunions informelles qui vont vous solliciter physiquement pour régler un problème de communication ou de recherche ; nous en sommes arrivés au stade suivant : au début décrié parce que l'on craignait qu'il n'ouvre la porte à des excès de non productivité, le télétravail est désormais mis en avant comme étant source de productivité supplémentaire (+22 %)[5] par rapport à des conditions de travail sur site ;

- La messagerie instantanée, d'où peuvent surgir des interruptions provoquées par des collègues, voire des partenaires ou des clients qualifiés ;

- Le téléphone qui peut être utilisé par ces mêmes collègues pour vous contacter mais également par des acteurs de l'environnement de l'organisation plus élargi, comme des collègues plus lointains, des partenaires et enfin des clients ; le fait que vous possédiez également un téléphone portable d'entreprise en plus de votre téléphone portable personnel multiplie d'autant les risques d'appels et d'interruptions de travail ;

---

[4] Source : https://www.ics.uci.edu/~gmark/Home_page/Research_files/CHI%202012.pdf
[5] Source : https://greenworking.fr/remise-a-m-le-ministre-eric-besson-des-conclusions-de-letude-sur-le-teletravail-realisee-par-greenworking/

- Internet : l'utilisation d'internet dans le cadre de la réalisation de tâches professionnelles comme rechercher des informations utiles (veille, benchmark), utiliser des services en ligne gratuits ou payants que votre organisation ne vous propose pas avec des outils internes (aide à la traduction, préparation d'un voyage) quand ce n'est pas votre organisation qui vous demande de la représenter sur le web (animation de forums, de blog et de réseaux sociaux sur internet) ; la frontière entre les sphères professionnelle et privée peut être rapidement franchie dès lors que l'on succombe aux nombreuses tentations existantes sur les réseaux sociaux d'internet, les moteurs de recherche internet qui, à coup de publicité, incitent à consommer des sites web...

Si on croit les études[6] les plus alarmistes sur le phénomène, le temps nécessaire pour reporter son attention de nouveau sur une tâche inachevée se détériore à chaque interruption : ce processus de destruction de l'attention serait une cause de certains cas de burn out car « ne pas pouvoir finir l'accomplissement complet d'une tâche » alimente un processus de dévalorisation de soi.

Ces dernières années, des consultants spécialisés en coaching de la performance sont apparus pour venir au secours de la nouvelle maladie : lutter contre le travail en mode « multitâches »[7] estimé responsable de 40 % de la baisse de productivité. Dans ces

---

[6] Source : Nathalie Fremont. *Quels facteurs explicatifs du burnout et du bien-être subjectif ? Déterminants psychologiques, sociaux et organisationnels auprès des cadres à responsabilités et élaboration d'un modèle.* Psychologie. Université Charles de Gaulle - Lille III, 2013
[7] Sources : Rescuetime.com | umich.edu |today.uci.edu | ics.uci.edu | citeseerx.ist.psu.edu | nytimes.com | salary.com

formations, on va y apprendre que 66 % des utilisateurs de messagerie électronique lisent un e-mail quasiment immédiatement après l'avoir reçu, 45 % se sentent obligés d'y répondre immédiatement alors qu'ils ne l'ont pas lu entièrement (15 %), ce qui génère de nouveaux e-mails pour corriger les erreurs[8]... On passera la majorité du temps à réapprendre à donner une place à la messagerie électronique d'entreprise dans laquelle on passerait quasiment un quart de sa journée de travail. On en profitera également pour former les utilisateurs au paramétrage des indicateurs de présence des outils de messagerie instantanée, dont certains comme Skype For Business, permettent de paramétrer deux statuts de disponibilité (un premier statut qui est visible par tous, un second statut visible uniquement par son équipe proche). Dans la plupart des cas, le consultant palliera le manque de formation à ces outils, dont les organisations effectuent le déploiement technique sans en donner les règles en matière d'usage interne. Le message principal du consultant sera de restaurer la relation Maître (vous) - Serviteur (technologie), de repositionner les différents outils technologiques en fonction de leur usage prévu dans les bonnes catégories d'outil nécessitant absolument une communication synchrone ou pouvant se satisfaire au pire des cas d'une communication asynchrone :

▪ Outil synchrone : la réunion électronique, le téléphone (sans sa messagerie) et le chat électronique dans une moindre mesure, sans avoir l'impression de déroger aux règles de bienséance ;

---

[8] Source : Etude McKinsey de juillet 2012 -
http://www.mckinsey.com/~/media/McKinsey/Industries/High%20Tech/Our%20Insights/The%20social%20economy/MGI_The_social_economy_Full_report.ashx

- Outil asynchrone : sans aucune hésitation, l'e-mail ; comme le temps s'accélère dans la réalisation des tâches, on oublie la définition de l'e-mail, en français, le courriel pour courrier électronique ; réservez donc, dans la mesure du possible l'e-mail à l'envoi de courrier « officiel » en interne ou en externe.

Dans ce paysage technologique qui n'a cessé de s'enrichir ces dernières années, où se situe la plateforme collaborative dans cette nomenclature de classification des outils de collaboration ? Est-ce que la plateforme collaborative doit être fichée en tant qu'outil « tueur de temps technologique » ?

La plateforme collaborative est à ranger dans une catégorie des outils mixtes, c'est-à-dire que ces outils possèdent des fonctionnalités collaboratives permettant des scénarios de travail synchronisé (l'essence d'un progiciel !) et désynchronisé. Les autres outils « mixtes » sont le téléphone lorsque nous laissons la possibilité de laisser un message et le « chat » électronique lorsque nous gérons réellement notre statut de disponibilité (manuellement ou au travers des réunions indiquées dans notre agenda). SharePoint constitue une solution pour réduire le nombre d'e-mails que les collaborateurs rédigent pour « informer » ou « se coordonner » : non seulement SharePoint a pour vocation de remplacer le serveur de fichiers mais surtout SharePoint va ainsi prendre en charge des actions de communication et de coordination « au-dessus » de la suite Office relatives aux tâches collaboratives (le chapitre 3 | « Je n'utilise que le système de gestion de version de SharePoint » présente ces fonctionnalités très simples à déployer).

Pour automatiser une partie du travail de coordination, la règle de conception utilisée sera de créer un site par groupe de travail.

La règle de conception « 1 site par groupe de travail »

Créer un site SharePoint revient à intégrer les postes de travail des utilisateurs de manière plus forte que lorsqu'ils utilisent leur suite Microsoft Office. Les utilisateurs connectés entre eux avec les e-mails, les outils de « chat » électronique et les serveurs de fichiers partagés se croient ainsi parfaitement intégrés les uns aux autres. Au travers de liens et de fonctionnalités automatiques, SharePoint va leur permettre de réduire un certain nombre de tâches manuelles de communication, de synchronisation et de coordination entre les membres d'un groupe de travail. De ce fait, ces fonctionnalités de plateforme de travail collaboratif se déploient sur la base de la règle « 1 site par groupe de travail ».

LES OBJETS DU GROUPE DE TRAVAIL

L'idée de SharePoint est de permettre de créer un espace numérique par groupe de travail, dans lequel l'utilisateur retrouve uniquement les éléments d'information dont il a besoin pour travailler dans un contexte de travail défini :

- Les documents en rapport avec le groupe de travail,
- Les e-mails en rapport avec le groupe de travail,
- Les tâches en rapport avec le groupe de travail,
- Les contacts en rapport avec le groupe de travail,
- Les listes de discussions en rapport avec le groupe de travail.

Un des objectifs de productivité sous-jacents est d'immerger l'utilisateur dans un environnement de travail qui lui permettra d'éviter qu'il ne soit distrait par un élément exogène qui ne le fasse dévier de la réalisation de sa tâche.

Cela peut arriver tout simplement à partir d'une simple action de retrouver un e-mail dans son logiciel de messagerie : en effet, dès lors que l'utilisateur a ouvert à l'écran son application de messagerie, il est tenté de jeter un œil sur les derniers e-mails reçus et d'être entraîné dans leur traitement immédiat... C'est la raison pour laquelle, intégré à la suite Office, SharePoint est un logiciel de type « GroupWare » qui permet la collaboration autour de fichiers mais également de contacts, de tâches, de calendriers, de notes et de discussions concernant un groupe de travail donné... (le chapitre 2 | « SharePoint me sert uniquement pour remplacer mon serveur de fichiers » présente ces types d'information que l'on peut gérer dans SharePoint).

LA DÉFINITION DE GROUPE DE TRAVAIL

Depuis quelques paragraphes, je ne cesse de l'écrire et de le réécrire : la conception d'une solution collaborative SharePoint repose essentiellement sur la création d'espaces de travail collaboratif par groupe de travail. Que recouvre la notion de groupe de travail ? L'identification du groupe de travail n'est pas facile dans nos organisations actuelles pour la simple et bonne raison que cette identification doit être basée sur une définition plus large et moins structurée que ce que nos organisations ont l'habitude de mettre en place à travers l'organigramme, la structure organisationnelle déclarée par leurs dirigeants. On peut définir les types de groupes de travail par rapport à deux critères :

- Le groupe de travail épouse l'organigramme ou l'ignore ;
- Le groupe de travail possède une durée de vie « permanente » (jusqu'à la prochaine réorganisation), momentanée ou indéterminée.

Le groupe de travail et le site collaboratif d'« équipe »

Groupe permanent généralement identifiable depuis l'organigramme, le travail en mode « équipe(s) » concerne un groupe de collaborateurs actifs sur un domaine déterminé de responsabilités ; le type de site d'équipe possède trois variantes :

- Le site d'une équipe, solution collaborative pour une équipe ; le groupe concerné est souvent repérable facilement à la première lecture d'un organigramme lorsqu'il s'agit d'identifier un département ou un service ;

- Le site de plusieurs équipes, solution collaborative pour plusieurs équipes ; au sein d'une organisation, les équipes travaillent rarement de façon isolée et sont généralement impliquées de façon « permanente » dans des processus de travail concernant plusieurs équipes dans un seul scénario collaboratif : en effet, comme les serveurs de fichiers ne permettent pas une gestion flexible des accès que l'on pourrait déléguer à certains utilisateurs, les serveurs sont par facilité configurés de manière à constituer soit une plateforme d'échanges publics (tous les répertoires y étaient accessibles pour tous), une plateforme de répertoires privés (1 par utilisateur) ou un serveur pour un service ou un département donné. Par conséquent, l'information est généralement éclatée entre des serveurs dédiés pour répondre aux contraintes de la gestion des accès des différentes équipes : les commerciaux, les chefs de projet ou de production et les gestionnaires administratifs gèrent de façon isolée leurs documents alors qu'ils sont tous acteurs de la relation Client. SharePoint constitue une solution permettant aux publics utilisateurs de gérer eux-mêmes leurs accès et leurs niveaux d'autorisations et de présenter une place unique pour retrouver ses documents, de ne plus devoir naviguer entre des répertoires de fichiers à l'architecture logique plus ou moins standardisée. Par une gestion des droits fine et déléguée tout ou partie à certains utilisateurs, SharePoint permet à des groupes de collaborer sur une vision 360° de l'information, cassant ainsi les silos organisationnels traditionnels ;

▪ Lorsque le site d'équipe est organisé et structuré autour de règles « Métier » fortes, je décline l'appellation en mode « Application Métier » ; le chapitre 7 du tome 2 (7 | « J'ignore que je peux créer des applications « Métier » sans devoir développer ») vous permettra de faire mieux connaissance avec la notion de groupe de travail dont la granularité vous étonnera, j'en fais le pari !

Le groupe de travail et le site collaboratif « projet »

Groupe momentané et basé sur l'organisation, le travail en mode « projet » concerne un groupe de collaborateurs qui n'appartiennent pas forcément à la même équipe mais surtout, la durée de ce groupe de travail est limitée dans le temps. Dès le début des années 2010, Gartner tablait sur une envolée du mode d'organisation du travail en mode « projet » qui doublerait quasiment en cinq ans[9] : travailler en mode projet au sein d'une équipe ou travailler en mode projet pour travailler ponctuellement avec d'autres équipes, en mode extranet avec des partenaires externes.

---

[9] Source : http://www.gartner.com/newsroom/id/1416513

Le groupe de travail et le site collaboratif « communauté »

Avec un rapport temporel a priori non déterminé ni de lien avec la structure organisationnelle en place, le travail en mode « Communauté » concerne un groupe de collaborateurs qui n'appartiennent pas tous forcément à la même équipe mais dont la durée de travail n'est pas limitée dans le temps.

Ayant adopté les fonctionnalités collaboratives de SharePoint, le collaborateur s'est vu déchargé de certaines tâches de coordination et de suivi, automatisées avec SharePoint ; désormais, il est en mesure de réinvestir du temps en accordant de l'attention à l'ensemble des contacts qu'ils nouent dans le cadre de son activité quotidienne. Il peut ainsi participer à des espaces de mise en relation, à partir desquels chaque collaborateur peut tour à tour contribuer ou consommer de l'information en dehors des flux d'informations verticaux descendants ou horizontaux prévus dans le cadre de ses activités organisées (site d'équipe ou projets).

Ces nouveaux espaces dédiés au travail « participatif » ont généralement pour but de mettre en place des communautés de veille, de pratiques, de réseaux d'entraide et d'innovation. Le management doit comprendre et soutenir la démarche en ayant conscience des objectifs poursuivis par les fonctionnalités sociales (le chapitre 6 | « Je ne suis pas convaincu de la nécessité de déployer les fonctionnalités de réseau social de SharePoint dans ma future organisation de travail »).

L'idée de la création de l'espace collaboratif est de refléter voire dépasser l'espace de travail réel en se basant sur l'organisation du travail. En effet, grâce à la modularité de SharePoint pour créer des sites et gérer des autorisations utilisateurs, vous pouvez vous inspirer du modèle d'agencement physique de votre espace de travail pour déployer la plateforme collaborative SharePoint (équipe, projet, communauté) : par exemple, dans le schéma ci-dessous, l'Open Space est l'espace de l'équipe et tout travail impliquant une partie de l'équipe (Projet, Communauté) trouve d'ordinaire mieux sa place dans une salle de réunion, pour éviter de déranger les membres de l'équipe non impliqués. Et si vous souhaitez ne pas être dérangé pour finir une tâche, votre organisation peut avoir pensé vous mettre à disposition une salle pour travailler seul, coupé des collègues et du téléphone. La solution SharePoint visera dans ce cas à créer un site d'équipe, une plateforme de sites « projet » et un espace de « communauté », concept à mi-chemin entre la collaboration traditionnelle et la collaboration sociale, présenté pages suivantes...

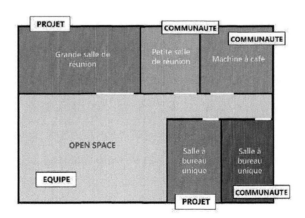

> **Réponse 3 | SharePoint est une solution multidimensionnelle pour créer un réseau social d'organisation**

La troisième et dernière utilisation majeure de SharePoint provient de ses fonctionnalités de Réseau social d'entreprise (RSE). Une bonne partie des pratiques de RSE sont importées de l'expérience des utilisateurs dans leur sphère privée, sur des outils en proche périphérie du fonctionnement de leur organisation au travers de plateformes sociales professionnelles (LinkedIn, Viadeo...) ou des outils de la sphère privée (Facebook, Instagram, YouTube...), même si cette distinction est établie sur des frontières de moins en moins claires.

SharePoint possède ses propres briques fonctionnelles pour reproduire les scénarios d'utilisation connus sur ces plateformes citées et n'a rien à envier à des solutions tierces de Microsoft (Yammer) ou d'autres éditeurs. Bien au contraire ! Les organisations restant réticentes à l'adoption des réseaux sociaux sont en général méfiantes quant à la pertinence d'ajouter un nouvel outil qui aurait pour but d'améliorer la communication : Est-ce que le téléphone et l'e-mail ne suffisent pas ? Pourquoi introduire un nouveau changement alors que le logiciel de discussion instantanée et de réunion en ligne (Skype for Business chez Microsoft) se généralise depuis peu ? À quoi va me servir une plateforme de RSE ? Est-ce que ce RSE ne va pas provoquer non seulement un bourdonnement improductif de mes collaborateurs mais également un risque supplémentaire dans ma politique de sécurité de l'information ?

Je vous l'écris comme je le pense : avec SharePoint, il ne s'agira pas de « faire du réseau social pour faire du réseau social ». Comme pour tout outil, l'organisation se doit d'expliquer les usages attendus à ses collaborateurs et encore faut-il que l'organisation en ait compris la portée ! Or, il ne s'agit pas de faire du réseau social pour faire du réseau social ! Il ne s'agit pas d'introduire de nouvelles pratiques en entreprise sans scénario fonctionnel ! Par rapport à des outils tiers, le RSE interne de SharePoint présente pourtant l'énorme avantage d'être connecté à l'univers bureautique (e-mails et fichiers) des utilisateurs de la plateforme collaborative SharePoint ! Lorsque j'écris à propos des fonctionnalités de réseau social de SharePoint, je pense à développer la couche sociale de l'outil collaboratif. L'adoption des fonctionnalités de collaboration sociale est actuellement un des principaux facteurs de la transformation digitale au sein des organisations : de plus en plus d'organisations adoptent les fonctionnalités sociales au cœur de leurs plateformes collaboratives internes mais également sur des plateformes extranet, de manière à être connectées avec l'écosystème de leurs partenaires et de leurs clients.

Les fonctionnalités de collaboration « sociale » reposent essentiellement sur deux concepts :

- Un mur d'actualité permettant de partager une information à tout le monde ou de façon restreinte dans des espaces communautaires reposant sur la participation « active » des utilisateurs,
- Les données de profil utilisateur pour chaque membre, qui permettent entre autres de présenter un annuaire et un organigramme pour l'organisation.

Dans SharePoint, l'utilisateur possède également un espace documentaire personnel (OneDrive), prolongement de son espace Documents sur le disque dur du PC.

Un mur d'actualité

L'idée du réseau social est que le point central du logiciel est l'individu dans son unicité, l'individu libre de lier et d'entretenir des relations non hiérarchiques avec des collègues. Avec le RSE, les flux d'information ne circulent plus seulement de façon verticale et descendante dans l'intranet traditionnel, ou de façon horizontale comme dans les espaces collaboratifs traditionnels qui suivent des étapes de traitement plus ou moins structurés ; les flux d'information circulant sur le mur d'actualités semblent d'emblée non structurés et non gérés. Même lorsqu'ils sont déployés, les objectifs poursuivis par les organisations qui déploient ces outils de RSE restent souvent mal compris et les moyens pour y réussir non identifiés. Le chapitre 6 du tome 2 vous donnera des clés pour réussir à entrer dans le monde collaboratif, social qui repose sur la participation et j'y traiterai des problèmes d'adoption : si je n'ai pas encore tout à fait réussi à vous convaincre que le réseau social d'organisation est nécessairement un prolongement des espaces collaboratifs, sachez que le réseau social a même redonné une seconde vie à des solutions collaboratives de tout bord (plateforme de e-learning, de Knowledge Management) dont les premières tentatives de déploiement datent d'il y a plus d'une quinzaine d'années.

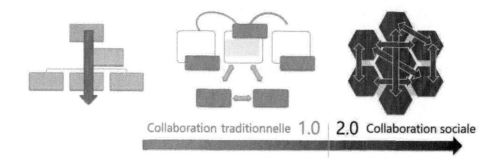

Collaboration traditionnelle 1.0 | 2.0 Collaboration sociale

Les données de profil utilisateur

Les données de profil utilisateur de SharePoint sont très riches et personnalisables (elles sont abordées en détail au chapitre 6 du tome 2) : avec les espaces participatifs, elles constituent le fondement des fonctionnalités de Réseau social d'entreprise de SharePoint.

UN INDISPENSABLE TERREAU DE LA MISE EN RELATION

Les données de profil utilisateur constituent l'indispensable terreau du collaboratif participatif « passif » puisque ces données vont suggérer les mises en relation et les appels à contribution ou à assistance dans les espaces communautaires.

Les données de profil utilisateur vont permettre l'identification d'un collaborateur au-delà des simples données d'un annuaire d'entreprise classique ; par exemple, ces données de profil vont permettre d'enrichir un CV électronique interne permettant à d'autres collaborateurs de l'identifier comme spécialiste d'un projet ou d'un sujet particulier dans un espace de discussion ou d'abonner l'utilisateur à des flux d'informations descendants. Concrètement, les données de profil utilisateur viennent également apporter des fonctionnalités de personnalisation des flux d'information tant aux plateformes de travail collaboratif qu'à l'intranet traditionnel.

EN SOUTIEN DES PLATEFORMES DE TRAVAIL COLLABORATIF

Par rapport aux plateformes de travail collaboratif, et plus encore pour les espaces participatifs présentés précédemment, les données de profil utilisateur vont être d'une grande aide pour identifier des experts sur un sujet donné.

Si le sujet d'expertise est déclaré comme tel dans les données de profil d'un utilisateur, le moteur de recherche publiera cette information dans les résultats de recherche et confirmera peut-être ce que les résultats d'une recherche sur un document ou dans une conversation auront permis d'identifier (voir chapitre 5 | « Je ne sais pas que je peux personnaliser les fonctionnalités de recherche de SharePoint pour créer des expériences utilisateurs des plus adaptées »).

Ces données de profil utilisateur font alors office de Curriculum Vitae « Online », listant les projets passés, les domaines d'expertise des collaborateurs. Ces données de profil utilisateur peuvent :

- Être gérées complètement dans SharePoint ou provenir tout ou partie d'une source externe comme l'Active Directory ou un outil de gestion des ressources humaines ;
- Être gérées tout ou partie par les ayants droits de l'organisation, laissées en toute confiance à la charge du collaborateur ou un mix des deux.

Les données de profil sont des éléments de « liaison communautaire » qui permettent de basculer facilement :

- Des conversations vers des personnes...

- Des personnes vers des documents...

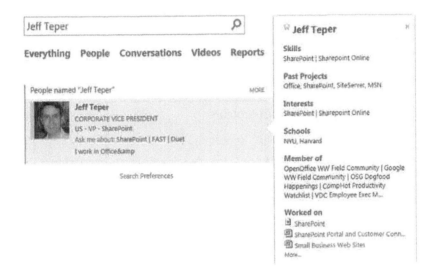

Ces fonctionnalités de réseau social d'entreprise (RSE) permettent de dépasser la vision « officielle » de l'organigramme et propose une organisation de travail numérique moins théorique, construite sur :

- Des centres d'intérêts « déclarés » (dans la sphère de la « participation passive » car figurant sur les données de profil utilisateur) ;

- Des centres d'intérêts actifs (appartenant à la sphère de la « participation active », i.e. au gré des activités de collaboration ou de participation) ;

- La réalité des liens tissés en fonction des expertises.

EN SOUTIEN DE L'INTRANET TRADITIONNEL

Grâce aux données de profil utilisateur, les contributeurs de l'intranet traditionnel (Direction, Communication, RH et autre processus de support) pourront publier de l'information descendante au travers de canaux d'informations institutionnels soit décidés par l'organisation, soit laissés libres d'inscription par les collaborateurs eux-mêmes (les fonctionnalités des « audiences » sont présentes au chapitre 9 du tome 2 consacré au Digital WorkPlace).

Les profils utilisateur constituent ainsi une source de données dans l'espace numérique.

Ces données vont permettre aux concepteurs de donner corps à toutes les strates « sociales » de l'organisation pour travailler et communiquer de la façon la plus intégrée, depuis l'entité globale de l'organisation jusqu'à chaque membre collaborateur.

L'intranet traditionnel, les plateformes collaboratives, les fonctionnalités de réseau social d'entreprise de SharePoint se trouvent enfin enrichies par leurs capacités à s'intégrer entre elles ainsi qu'avec le système d'information dans son ensemble, au-delà de l'univers Microsoft, de manière à devenir la plateforme centrale d'information, l'unique « point de partage » (SharePoint en anglais).

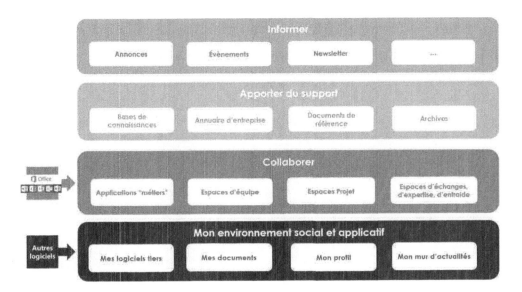

Non seulement l'outil de communication intranet est connecté à des données de profil utilisateur mais également la plateforme de travail collaboratif : c'est le point fort de SharePoint que d'intégrer entre elles nativement les différents natures d'informations numériques qui découlent des usages possibles de SharePoint. Il est alors concevable d'imaginer de créer une page d'accueil, tout ou partie personnalisée pour chacun des utilisateurs, n'affichant ainsi que le premier cercle de ses centres d'intérêts informationnels, que l'organisation aura choisi pour lui ou qu'il aura choisi lui-même :

- Les informations de type « Actualités » ou « Informations de support » de l'organisation (présentées ci-avant en tant que Réponse 1), lui permettant ainsi d'être abonné à des sources de publications internes et externes ;

- Des types d'informations de type remontées d'informations présentes sur les espaces de travail collaboratif et participatif, l'aidant dans le suivi de son travail personnel (présentées ci-avant en tant que Réponse 2).

Si à la question « Comment SharePoint est utilisé dans votre organisation ? », vous avez envie de répondre par les trois types de réponses ensemble, alors, la solution déployée correspondra au concept de Digital WorkSpace, présenté au chapitre 9 du tome 2.

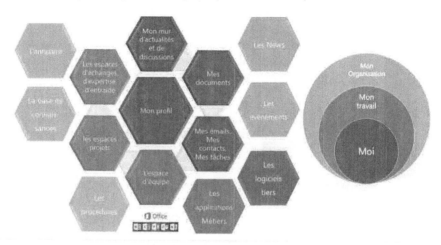

Notez bien que dans le contenu des espaces de travail collaboratif (la sphère « Mon travail », ci-dessus), l'utilisateur pourra retrouver non seulement les fichiers partagés avec ses collègues mais bien plus encore :

- Les news, les événements, la base de connaissances, les procédures... en lien direct avec son travail (et pas les informations publiées par la Direction générale, la Communication, les Ressources humaines qui concernent généralement l'organisation dans son ensemble),

- D'autres types d'informations collaboratives que les fichiers qu'il est possible de gérer dans SharePoint, dont la présentation fait l'objet du chapitre 2.

Brève présentation des principaux éléments techniques constitutifs de SharePoint

> SharePoint fonctionne sur le double principe **d'un site web et d'une base de données**

Puis-je permettre une question qui peut vous apparaître un tantinet « Vintage » ? Connaissez-vous les logiciels Ms Access et Ms FrontPage ? J'aime à simplifier en annonçant que SharePoint peut en quelque sorte être considéré comme le digne descendant de ces deux logiciels pour essentiellement deux raisons :

- SharePoint est un logiciel qui permet de créer des sites et des pages web (ASP.Net) ;

- SharePoint est un logiciel fonctionnant sur un logiciel de gestion de base de données (Microsoft SQL Server).

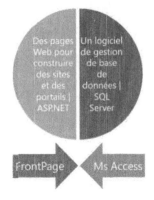

L'utilisation de SharePoint repose forcément sur, au minimum, une base de données SQL Server pour stocker les éléments d'information.

Les capacités informatiques de SharePoint sont impressionnantes (version Serveur[10]) :

- Sur 1 serveur SharePoint, jusqu'à 20 web applications peuvent être installées ;

- Sur 1 Web Application, 250 000 collections de sites peuvent être installées (1 million

---

[10] Source : https://technet.microsoft.com/en-us/library/cc262787(v=office.16).aspx

pour l'édition 2016) ;

- Pour 1 collection de sites, jusqu'à 250 000 sites peuvent fonctionner, couplés avec maximum 500 bases de données de 200 Go.

SharePoint est également un progiciel d'entreprise possédant de très nombreuses fonctionnalités d'utilisation, de paramétrage et d'administration présentées ci-après.

Fonctionnellement, les utilisateurs interagiront avec ces éléments d'informations par l'intermédiaire des pages web et de fonctionnalités dépendant du niveau d'autorisations sur des objets SharePoint tels que des « sites » et des « APPs ».

Pour vous permettre de vous familiariser avec le « jargon de SharePoint », notez que les concepts de l'architecture fonctionnelle de SharePoint s'articulent donc ainsi :

- Toute APP SharePoint est nécessairement déployée dans un site SharePoint ;
- Tout site SharePoint se trouve dans une collection de sites, un portail de sites.

Comparaison n'est pas maison ?	On pourrait comparer : - 1 collection de sites à 1 immeuble, - 1 site à 1 appartement de l'immeuble, - 1 APP (de type bibliothèque ou autre liste) à 1 meuble, pour stocker et classer les actifs informationnels de votre organisation.

SharePoint est un **progiciel bureautique**

Nous l'avons vu précédemment : SharePoint est constitué de site(s), de pages web et d'APPs pour que les utilisateurs accèdent facilement aux informations ; c'est surtout un progiciel, i.e. un logiciel composé de multiples fonctionnalités paramétrables, destiné à être utilisé par plusieurs utilisateurs simultanément.

Les 7 familles de fonctionnalités

SharePoint est un progiciel bureautique dont je classe les fonctionnalités en 7 familles :

- Le moteur de portails de sites Web et des pages d'édition Web ; c'est ce que l'on voit immédiatement à la première connexion et qui fait de SharePoint un outil de création de site intranet parmi les plus répandus au monde ;

- La gestion électronique de l'information ; la raison pour laquelle, depuis ses débuts SharePoint est connu pour être une solution de gestion documentaire de stockage et de collaboration ;

- SharePoint nativement possède une intégration riche à la suite Office, permettant ainsi d'étendre fonctionnellement les logiciels tels qu'Outlook, Excel, Access, Project... qui permettent de partager avec le groupe des informations au-delà des fichiers ;

- SharePoint possède un moteur de recherche interne parmi les plus performants du marché des moteurs de recherche d'entreprise ;

- Pour « doper » les fonctionnalités traditionnelles de collaboration, SharePoint contient des fonctionnalités de réseau social d'organisation et des outils communautaires ;

- En plus des fonctionnalités de travail de groupe qu'il apporte à l'organisation, SharePoint permet la mise en place d'applications « Métier », basées sur des formulaires et des flux de travail (workflows), qu'il est possible de personnaliser « sur-mesure » sans développement ;

- Enfin, SharePoint est une plateforme permettant de publier des tableaux de bord, des éléments de pilotage et d'aide à la décision relatifs à l'activité dans SharePoint ou provenant de sources de données externes dès lors que ces données sont connectées (Business Intelligence).

À l'ère de la digitalisation des processus et de la rationalisation des coûts, SharePoint rencontrera l'adhésion au sein des Directions des systèmes en raison de sa faculté à être un outil-plateforme pouvant s'interconnecter aux autres éléments de son système d'information, grâce à son moteur de recherche et son cadre de développement de connecteurs...

Un déploiement « à la carte »

SharePoint n'est pas une application « Métier » de type ERP ou PGI ; SharePoint est un progiciel à fonctionnalités bureautiques collaboratives :

- SharePoint est un logiciel « caisse à outils », une sorte de « couteau suisse informatique » qui a pour finalité d'organiser les flux et contenus au-dessus de la suite Office, en remplacement ou en complément des serveurs de fichiers ou des logiciels de la suite Office (Outlook, Excel, Access, Project...) ;

- SharePoint est un produit-plateforme, qui peut donner, à juste titre, l'impression qu'il est « à finir soi-même » de par sa modularité ; or, le concepteur d'une solution SharePoint a le choix de déployer ces fonctionnalités « à la carte », i.e. selon les scénarios utilisateurs qu'il doit adresser (un portail intranet d'information ou une plateforme de collaboration pour un service donné).

Par le passé, il m'est arrivé d'être confronté à la question de comparer SharePoint à un autre outil. Et puis, je suis arrivé au constat que je devais qualifier SharePoint d'outil « incomparable » pour la simple et bonne raison qu'il est difficile de le comparer à un autre outil qui adresserait autant de types de fonctionnalités. Le dicton ne met-il pas en garde de ne pas « comparer une pomme avec une poire » ? Au regard des sept familles de fonctionnalités qui composent SharePoint présentées ci-avant, je suis davantage en situation de « comparer un fruit avec une corbeille de fruits » et vous aurez même tout le loisir de choisir les fruits qui conviendront le mieux à vos différents utilisateurs !

Une gestion des droits utilisateurs et des corbeilles à la portée des utilisateurs

Comme SharePoint est un progiciel et va être utilisé simultanément par plusieurs utilisateurs, il possède bien entendu un système de gestion des utilisateurs. Ce qui différencie une organisation de travail SharePoint de celle que vous connaissez avec des serveurs de fichiers, c'est que la gestion des utilisateurs dans SharePoint peut être déléguée aux utilisateurs eux-mêmes, en conformité avec les règles de l'organisation. Décharger les services informatiques de la gestion fine des droits d'accès des répertoires et des fichiers peut également s'accompagner de la délégation de l'accès à la corbeille qui peut générer tant d'actions de support informatique en environnement « serveur de fichiers » ou de frustration utilisateur.

SharePoint est un outil modulaire au niveau de ses sites et de ses fonctionnalités ; SharePoint est également une solution modulaire au niveau des « rôles » des utilisateurs, lesquels doivent évidemment varier en fonction de leur navigation dans la solution : par exemple, un utilisateur peut être un « simple visiteur » de l'intranet de support, puis collaborateur dans un espace de collaboration d'équipe et enfin, modérateur d'un site de communauté donné relatif à un des domaines d'expertises. En plus des nouvelles fonctionnalités, de nouveaux rôles apparaissent au sein d'une organisation de travail SharePoint : ces deux points accompagnent le déploiement à la carte de « votre SharePoint », que vous personnaliserez de manière à être en accord avec les objectifs de productivité de votre organisation.

Les limites ?

Je présente des limites concernant SharePoint car j'ai déjà rencontré des utilisateurs chez qui SharePoint avait parfois mauvaise presse ; j'ai identifié à cela deux raisons principales. La première raison s'explique par un problème de méthode employée : SharePoint a parfois été perçu comme un « produit fini », que l'on installerait et qui trouverait sa place « naturellement » sans trop d'effort comme Outlook, Word, Excel et PowerPoint. Clairement, lorsque SharePoint ne fait pas suffisamment l'objet d'accompagnement auprès des utilisateurs (comprenez, en associant les utilisateurs dans la conception de leur solution et en déployant un paramétrage à la hauteur des capacités de l'outil), c'est un risque que vous prenez avec SharePoint mais que vous prendriez avec n'importe quel projet de déploiement d'un outil informatique ! Le chapitre 10 du tome 2 traite de la méthodologie permettant d'éviter ce grief.

La seconde raison nous intéresse davantage lorsque l'on traite des limites inhérentes au produit SharePoint. Disons que SharePoint a parfois été survendu auprès des décideurs comme étant le produit pouvant tout faire ; je ne vous étonnerai pas si je vous avoue que SharePoint peut rencontrer des limites et ne peut pas tout : c'est un outil-plateforme bureautique dont la synthèse des fonctionnalités proposées n'a que peu d'égal (souvenez-vous, SharePoint n'est ni une pomme ni une poire mais c'est une corbeille de fruits) mais cela ne fait pas forcément de SharePoint le meilleur outil pour chacun des usages qu'il couvre.

Ce qui peut le rendre remarquable, c'est la synthèse de ses fonctionnalités mais pas seulement :

- Son aptitude à s'intégrer avec la suite Office, avec ses propres fonctionnalités qui viennent en complément des logiciels Office (Excel, Access, Visio, Project dont nous présentons les fonctionnalités d'intégration au chapitre suivant) ;

- Son aptitude à s'intégrer au-delà de la suite Office (chapitres 8 et 9 du tome 2) ;

- Son aptitude à recevoir des développements complémentaires ; il existe ainsi des logiciels d'éditeurs-tiers qui viennent augmenter les fonctionnalités de SharePoint ; même si tous ces éditeurs-tiers n'y figurent pas, vous pouvez vous rendre sur le site Office Store de Microsoft (https://store.office.com) pour prendre connaissance des solutions complémentaires à SharePoint, développées par des éditeurs-tiers, testées et approuvées par Microsoft.

Le développement complémentaire peut prendre la forme d'une application à part entière en pleine page, d'un composant d'une page ou d'une simple fonctionnalité. Ainsi, SharePoint est une plateforme de support bureautique qui peut recevoir du code développé par des développeurs *via* les logiciels InfoPath et Visual Studio.

Quoique souvent perçus comme complexes et onéreux (avec un rapport pouvant passer d'une unité de temps pour un déploiement par paramétrage avancé à dix unités de temps pour l'ajout d'une fonctionnalité *via* un développement complémentaire), ces développements constituent généralement une solution pouvant faciliter l'adoption en diminuant la formation et le support utilisateur.

Mais, je le répète, SharePoint vient en support de la suite Office et on doit éviter de personnaliser l'outil de trop pour répondre à des cas d'usages que certainement d'autres outils couvrent davantage fonctionnellement : Microsoft CRM ou Microsoft Dynamics sont ainsi des solutions professionnelles que l'on tâchera d'éviter de reproduire dans SharePoint, même si on peut créer des petites applications sans devoir développer.

> SharePoint possède des **modèles de sites préexistants orientés par type de solution**

Aux différents usages présentés à la section précédente correspondent différents modèles de « site » prédéfinis dans SharePoint. Cela signifie qu'il existe des modèles de site préparés pour traiter l'information selon les trois scénarios d'utilisation présentés ci-avant.

SCÉNARIOS D'UTILISATION	TYPES DE SITE SHAREPOINT	MODÈLE DE SITE SHAREPOINT COMMUN SERVER ET ONLINE
INTRANET TRADITIONNEL DE TYPE « NEWS CENTER » (RÉPONSE 1)	Publication	Publication, Publication avec flux de travail, Wiki d'entreprise
INTRANET TRADITIONNEL DE TYPE « SUPPORT » (RÉPONSE 1)	Entreprise	Centre de documents, Centre des enregistrements, Centre de Business Intelligence, Référentiel Visio, Recherche basique, Recherche avancée
INTRANET COLLABORATIF (RÉPONSE 2)	Collaboratif	Équipe, Projet, Blog
INTRANET COLLABORATIF SOCIAL (RÉPONSE 3)	Social	My Site

Les sites de la famille Publication

Les sites de la famille Publication se nomment « Publication », « Publication avec flux de travail », « Wiki d'entreprise ». Ils sont destinés à être utilisés en tant que portail d'actualités ou plus modestement comme site intranet dans sa définition « traditionnelle » : on peut y publier des informations de type actualités, événements, annonces au niveau d'une organisation, d'une filiale, d'une entité géographique, d'une direction ou d'un service. Étant donné la portée fonctionnelle de ces sites (ils ont vocation à être vus par de nombreux utilisateurs par rapport à un site de collaboration, d'équipe ou de projet), ces sites possèdent des paramètres d'utilisation plus contraignants pour les utilisateurs qui vont passer par des étapes de vérification, de validation avant d'obtenir la publication effective de sa contribution : c'est la raison pour laquelle on qualifiera la gouvernance fonctionnelle comme étant plus « forte » que pour une mise à jour d'une page de site collaboratif.

Les sites de la famille Entreprise

Les sites de la famille Entreprise vont être déployés pour publier des informations de type support et connaissance : le « Centre de documents » a vocation à partager une documentation de référence, le « Centre des enregistrements » pour constituer une archive, le « Centre de Business Intelligence » pour publier des tableaux de bord, le modèle de site « Référentiel Visio » pour partager des fichiers du logiciel Microsoft Visio, les sites de « recherche basique » et « recherche avancée » (le site de recherche avancée est personnalisable au niveau des interfaces de moteur de recherche ; cf. chapitre 5 | « Je ne sais pas que je peux personnaliser le moteur de recherche de SharePoint pour créer des expériences utilisateurs adaptées »).

Les sites de la famille Collaboration

Les sites de la famille Collaboration sont au nombre de quatre sur les versions Server de SharePoint tandis que sur les versions Online (Office 365), cette famille s'est enrichie avec les modèles de sites Office Groupes (avec ses déclinaisons Windows APP et Smartphone APP au printemps 2017 sous le nom de Microsoft Teams). À noter que sur le SharePoint Store, on trouve également des modèles de site qui peuvent compléter le panel de modèles de sites collaboratifs sur SharePoint Online et les éditions 2013 et 2016 de SharePoint Server.

LES SITES COMMUNS AUX VERSIONS SERVER ET ONLINE

Les sites de la famille Collaboration sont au nombre de quatre sur les versions Server de SharePoint depuis l'édition 2013 :

- Le site d'équipe,
- Le site projet,
- Le site de communauté,
- le site du blog.

Le modèle de site d'équipe et le modèle de site projet peuvent servir de base pour créer des modèles de site personnalisés en fonction des besoins de collaboration de votre organisation (le chapitre 10 du tome 2 aborde la méthodologie de conception de solution, la création de modèles, la mise en place et la juste gouvernance d'un centre de services).

Le site d'équipe

On choisira de créer un site d'équipe pour organiser le travail d'un groupe de façon permanente (un service, une équipe ou le nom que vous utilisez pour identifier une entité opérationnelle) mais également un espace de travail pouvant être permanent entre plusieurs unités (intranet ou extranet). Par défaut, le site d'équipe est un site avec des pages web de type Wiki, un fil de discussions et une bibliothèque de documents. Comme indiqué plus haut, c'est le modèle de site le plus facile à prendre en main pour débuter dans la conception web : il sert généralement de base pour créer des modèles de sites collaboratifs personnalisés, en ajoutant des « APPs » supplémentaires qui répondront aux besoins de collaboration des membres du groupe de travail.

Le site projet

On choisira de créer un site projet pour organiser le travail d'un groupe de façon ponctuelle : le déployer peut s'assimiler à créer une sorte de « data room », éphémère et jetable en fin de vie, pouvant être déployée en configuration intranet (pour une équipe ou pour plusieurs équipes) ou extranet en fonction de l'appartenance des membres à la même organisation ou non. De base fonctionnellement plus riche que le site d'équipe, le modèle de site projet standard de SharePoint contient une APP calendrier, une APP de tâches, deux APPs possédant une intégration forte avec deux logiciels de la suite Office (voir le paragraphe « L'intégration avec la suite Office » du chapitre 2 | « SharePoint me sert uniquement pour remplacer mon serveur de fichiers »). La plupart des modèles de site complémentaires proposés sur le Store Office sont orientés site de gestion de projet.

Le site de communauté

Le modèle de site de communauté (réapparu depuis la version SharePoint 2013 Server) est un site de collaboration mais, comme son nom l'indique, il est la démonstration d'une tendance de plus en plus « sociale et participative » du travail collaboratif. La décision de créer un site est ici plus motivée par l'idée de créer un espace d'échanges ou d'entraide sur une thématique pouvant regrouper plusieurs sujets qui dépassent le cadre structuré décidé au sein de l'organisation pour fonctionner au quotidien (sites d'équipe et de projet). La notion de groupe de collaboration est parfois un petit peu plus complexe à se représenter car la possible transversalité des thèmes peut amener à constituer des espaces ouverts à tous ou uniquement pour un rôle particulier, en support à un espace d'équipe ou projets...

Le site de blog

Le modèle de site blog est classé dans la catégorie des sites collaboratifs : comme son nom l'indique, ce modèle sert à publier des informations sous forme de billet, que l'on peut classer dans des catégories au-delà du classement chronologique inversé (le dernier billet publié vient occuper la première place).

Les sites spécifiques à SharePoint Online

Sur Office 365, cette famille s'est enrichie avec les modèles de sites Office Groupes et les versions APP « Microsoft Teams » : ce sont clairement des types de sites prêts à l'emploi, pour lesquels l'accent a clairement été mis sur l'amélioration de l'ergonomie utilisateur dans la gestion des droits d'accès utilisateurs mais également à travers une simplification de l'interface, qui confirme que l'on s'inspire des outils simples d'utilisation de la sphère privée. Ces sites, basés sur l'idée d'un outil simple pour un usage simple, rencontrent à leur démarrage un franc succès parce qu'ils tiennent leur promesse. Comme ces sites ont clairement vocation à être mis en « libre-service », ils sont dans la cible des sites « devant couvrir des besoins ponctuels », plus proches du site projet (comme les « ChatWare » Slack, Hipchat, Mattermost…) que du site d'équipe : comme il n'est pas encore possible de personnaliser ces modèles (au niveau métadonnées et types de contenu présentés ci-après dans cet ouvrage), ces sites peuvent présenter actuellement des inconvénients au regard de la gouvernance de l'information (qui sera traitée au chapitre 10 du tome 2).

Il est indéniable que la simplification de l'interface utilisateur va être très appréciée, par exemple, pour gérer les utilisateurs.

Le site du « réseau social » (My Site)

Le site du réseau social de SharePoint s'appelle le My Site : il est composé d'un mur de discussions publiques ou filtrées par groupe, de données de profil utilisateur mais également d'un espace documentaire appelé OneDrive (par défaut, un espace « personnel »), d'un blog (une écriture personnelle mais dont la lecture est publique par défaut ; ce n'est donc pas un journal intime). Je détaille les éléments constitutifs de ce site au tome 2 du chapitre 6.

Office 365, le nouveau blog et les nouveaux modèles de site	À noter que depuis le milieu de l'année 2016, sur la version Office 365, une nouvelle version du blog personnel est déployée sur le My Site. Ce nouveau blog est différent du site blog SharePoint : il appartient à la nouvelle génération de site appelée « Next General Portal », tout comme Office Vidéos et le nouveau modèle de page Wiki qui a fait également son apparition à la fin de 2016. La page d'accueil du My Site est également différente des versions Server mais la richesse fonctionnelle dépend du plan Office 365 auquel vous avez souscrit (si Delve est compris dans votre plan Office 365).

On ne peut pas déployer ce modèle de site « n'importe où » et il ne rentre pas dans la réflexion de la navigation puisque tout utilisateur peut accéder à son espace personnel My Site depuis le ruban de navigation supérieur de SharePoint. Par contre, le My Site est un espace qui doit faire l'objet d'une réflexion quant à son déploiement, sa conception et sa gouvernance comme tout autre objet SharePoint : au niveau des données de profil social, du mur de discussions, du blog ou de l'espace de stockage personnel OneDrive.

Mes retours d'expérience concernant ces modèles de sites

Deux remarques concernent ces modèles de site standards :

- Le blog et le Wiki sont-ils bien à leur place ?

- Quel modèle de site utiliser pour commencer à se former ?

LE BLOG ET LE WIKI SONT-ILS BIEN À LEUR PLACE ?

- Ce qui est écrit ci-après ne représente pas un sujet critique mais je ne sais pas si vous vous êtes posé la question suivante : « est-ce que certains sites sont vraiment bien classés dans leur famille ? ».

- Concernant le modèle de site blog, ne serait-il pas mieux classé dans la famille Publication plutôt que dans la Collaboration ? A priori, ce n'est pas tous les jours que dans mon métier j'utilise le blog pour publier autre chose que des informations officielles de l'organisation (news, newsletter...) mais je vous avoue que j'ai déjà mis en place un blog dans mon équipe pour partager les retours d'expériences de mes collaborateurs, dans le cadre de la mise en place d'une approche de « Knowledge Management » ; au chapitre 7 du tome 2 , je vous présente également un scénario collaboratif assez original basé sur l'utilisation du blog ;

- Concernant le modèle de site Wiki, est-ce que le modèle de site ne serait pas mieux classé dans la famille Collaboration, étant donné que le principe d'un wiki est justement basé sur l'écriture collaborative ?

QUEL MODÈLE DE SITE UTILISER POUR COMMENCER À SE FORMER ?

Je recommande de débuter par la mise en place d'un site d'équipe qui utilise les fonctionnalités des pages Wiki pour créer un site intranet traditionnel : sur un site d'équipe (collaboration), vous pourrez publier des actualités et apporter des informations de référence comme sur un intranet « traditionnel ».

Les modèles de sites « Publication » et « Publication avec flux de travail » sont plus complexes à utiliser car ils sont pré-paramétrés pour être déployés en tant que portails.

Au chapitre 9 du tome 2, vous apprendrez qu'il est possible de transformer un site d'équipe en site de publication en activant des fonctionnalités supplémentaires.

2 | SharePoint me sert uniquement pour remplacer mon serveur de fichiers

Vous n'utilisez SharePoint que pour partager des fichiers, probablement en simple remplacement de serveurs ? Cela signifie que vous n'utilisez SharePoint que pour une de ses nombreuses fonctionnalités collaboratives ; faute de formation ou d'information, vous êtes victime du syndrome s'appliquant aux autres logiciels de la suite Office qui consiste à n'utilisez que 10 % de leurs fonctionnalités ; pour autant, vous payez bien 100 % du prix de la licence. Si vous n'utilisez SharePoint que pour partager des fichiers, vous passez à côté d'une série d'applications que l'on appelle « liste » qui permettent de gérer en mode web des éléments d'information qui ne sont pas forcément des fichiers bureautiques. Ce concept de liste n'a cessé de se développer et de se perfectionner au cours de l'évolution de SharePoint en même temps que son appellation a évolué : l'édition 2007 de SharePoint affichait le libellé de liste, l'édition 2010 introduisait le concept de bibliothèque de documents et l'édition 2013 introduisait la dénomination d'« APP SharePoint ». Pour identifier les APPs intéressantes pour votre future plateforme collaborative, il vous faudra quitter l'approche création d'espace de partage de fichiers et partir à la rencontre des cas d'usages et des processus « Métier » de votre organisation. Ce chapitre vous présente les différentes APPs qui existent en standard dans votre SharePoint :

- Ces APPs sont personnalisables : vous pourrez très rapidement les adapter aux besoins de vos utilisateurs et si vous souhaitez des fonctionnalités additionnelles ou des APPs déjà paramétrées, vous pouvez en acheter ou en louer sur l'APP Store de Microsoft ;

- Seconde particularité, ces APPs possèdent généralement une intégration avec certains logiciels de la suite Office.

Le concept des APPs pour partager plus que des fichiers

Une APP est un composant propre à votre site, i.e. une brique fonctionnelle pré-déployée ou que vous pouvez ajouter pour enrichir les fonctionnalités de SharePoint en fonction des objectifs de votre site. Il existe deux types principaux d'APP :

- Des listes (d'événements, d'actualités, de contacts...),
- Des bibliothèques (de documents, de pages, d'images...), qui sont des listes à fichier joint systématique et des fonctionnalités complémentaires par rapport aux listes simples.

Les blocs-notes OneNote, les APPs Access et les boîtes aux lettres de sites sont présents dans la liste des APPs mais leur fonctionnement diffère de celui des listes et bibliothèques, concepts centraux de SharePoint.

Le contenu de **site**

Certaines APPs sont pré-déployées suivant le modèle de site que l'on a choisi lors de la création. Pour connaître le contenu de son site en APPs :

1. Cliquer sur [Paramètres du site]

2. Cliquer sur [Contenu de site]

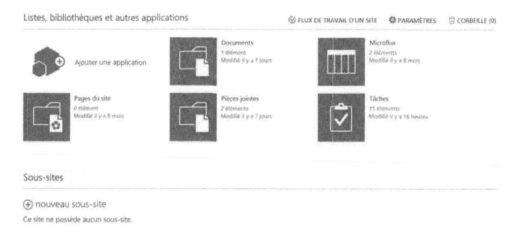

Sur cette page de présentation traditionnelle du contenu de site (depuis l'édition SharePoint 2013), vous pouvez constater que le site contient des APPs mais pas uniquement ; il contient :

- Des paramètres et des fonctionnalités de flux de travail à déployer,

- Une corbeille de site,

- Potentiellement des sous-sites.

Voici la page de présentation du contenu de site de l'édition Online apparue en 2016.

L'affichage me paraît un peu complexe pour trois raisons :

- La première raison est que la page affiche désormais sur la partie supérieure, des informations de type analytique (ci-dessous « Visites du site » et « Contenu en vogue ») ou tutoriel (« Conseils ») ;
- Le bouton « Nouveau » sous le nom du site est éloigné du contenu du site, relégué sur la partie inférieure de la page ;
- La troisième raison est que le contenu du site possède deux onglets, non repérables au premier coup d'œil :
  - ✓ Le contenu (en termes d'applications de type bibliothèque ou autre liste),
  - ✓ Les sous-sites.

Notez qu'il est possible de revenir à l'affichage traditionnel en cliquant sur le lien en bas à gauche de la page « Revenir à l'affichage standard de SharePoint ».

Ajouter une **application**

D'autres APPs sont disponibles pour être ajoutées à son site ; pour ajouter une APP à un site :

- Cliquer sur [Paramètres du site] puis cliquer sur [Ajouter une APP] ;

- Ou cliquer sur [Ajouter une application] depuis la page « Contenu du site » (éditions Server 2013 et 2016) ou « Nouveau » (édition Online depuis 2016).

Les APPs que l'on peut ajouter sont listées ci-dessous et ce, peu importe la version de SharePoint Serveur ou Online que vous utilisez.

Les applications de bibliothèque

Les applications de type bibliothèque sont des listes servant à gérer des fichiers :

- La bibliothèque de documents, une liste servant à gérer des fichiers de type bureautique ;

- La bibliothèque d'images, la liste servant à gérer des fichiers de type image ;

- La bibliothèque de biens multimédias, la liste servant à gérer des fichiers de type image, son, multimédia ;

- La bibliothèque d'enregistrement, la liste servant à gérer des archives, dès lors que les fonctionnalités d'archivage activées ;

- La bibliothèque de pages Wiki, la liste servant à gérer des pages web éditables ;

- La bibliothèque de rapports, la liste servant à gérer des pages web et des fichiers de métriques, d'objectifs et d'informations à l'aide de fonctionnalités d'aide à la décision activées ;

- La bibliothèque de connexion de données, la liste servant à gérer des connecteurs à des sources externes (grisée dans l'image ci-contre car utile pour le développeur) ;

- La bibliothèque de formulaires, la liste servant à gérer des formulaires développés au travers d'un éditeur XML comme InfoPath (grisée dans l'image ci-contre car utile pour le développeur).

Les applications de liste

Les applications de liste servent à gérer des informations sans nécessairement gérer des fichiers. Contrairement aux bibliothèques, attacher un fichier est facultatif dans une liste et on peut attacher plusieurs fichiers à chaque élément présent dans une liste. Enfin, notez que les applications de liste possèdent globalement moins de fonctionnalités qu'une application de bibliothèque (ces fonctionnalités sont présentées aux chapitres 3 et 4) :

- La liste d'annonces, pour diffuser des informations sans passer par l'e-mail : news, actualités internes, nouvelles arrivées, panne IT, nouveaux projets, besoin d'appui, petites annonces, en fonction du type de site...

- Le calendrier, pour communiquer les prochaines réunions, événements ou autres échéances, en fonction du type de site (portails de news, site de collaboration) ; au paragraphe suivant, nous verrons que les informations de calendrier peuvent s'interfacer avec Outlook ;

- La liste de contacts, pour diffuser des informations de type signalétique client ou partenaire, en fonction du type de site ; au paragraphe suivant, nous verrons que les informations de contact peuvent s'interfacer avec Outlook ;

- La liste Enquête, pour créer des questions avec embranchement et recueillir des réponses que l'on peut afficher sous forme de résumé graphique ;

- La liste Forum de discussions, pour créer un espace de discussions, que l'on peut réserver à un groupe ou à toute l'organisation sur des thèmes gérés ou non par l'organisation ;

- La liste Suivi des problèmes, pour recueillir des problèmes, comportant des fonctionnalités pour assigner le traitement de la résolution du problème, donner un ordre de priorité et suivre l'état des problèmes ;

- La liste de tâches, pour créer, assigner des tâches et publier l'état d'avancement dans une représentation chronologique de fil de temps, comme une mini gestion de projet ; au paragraphe suivant, nous verrons que les tâches peuvent s'interfacer avec Outlook et Project ;

- La liste de liens, pour partager des liens web (« book-marking », site sharing) ;

- La liste de liens promus, même type de liste que précédente mais avec une apparence de tuiles de navigation « Metro » comme sur Windows 7 à Windows 10 (une image et une description) ;

- Les deux listes personnalisées (l'affichage par défaut diffère), pour créer une liste personnalisable à partir de la liste la plus « vide » possible ;

- La liste Importer une feuille de calcul, pour créer une liste à partir d'un fichier Excel ;

- La liste externe, pour créer une liste à partir d'une source de données externes (grisée dans l'image ci-contre car utile pour le développeur).

Liste personnalisée
Détails de l'application

Importer une feuille de calcul
Détails de l'application

Liste externe
Détails de l'application

D'autres applications qui ne sont pas des listes ou des bibliothèques sont présentées page suivante.

Les autres types d'APPs

D'autres applications, qui ne sont ni des listes ni des bibliothèques à proprement parler, figurent sur la page « Ajouter une application » :

- Pour ajouter une application Access, nouvelle ou existante (uniquement pour les versions Enterprise Server ou Online) ; le chapitre 7 du tome 2 présente les APPs Access ;

- Pour regrouper vos courriers électroniques et vos documents à partir d'un point d'accès unique, vous pouvez ajouter une boîte aux lettres de sites qui liera votre site à une boîte aux lettres de groupe dans Exchange (sur la version Server, une configuration SharePoint / Exchange est requise) ;

- Le bloc-notes n'est pas une application de liste mais est déployé en tant que fichier OneNote, élément de la liste « Éléments de site » (la fonctionnalité de site Bloc-Notes de site est activée).

Voici donc les APPs standards existantes dans toute version d'un SharePoint ; tout consiste alors à choisir les bonnes APPs à déployer dans le cadre de ses besoins fonctionnels. Il est ensuite possible de personnaliser toutes les APPs (hormis Boîte aux lettres de site et Blocs-Notes de site) de manière à les adapter : par exemple, ajouter des champs « date » pour gérer des dates d'expiration des documents rangés dans une bibliothèque (chapitre 4, l'ajout de métadonnées). Enfin, sur le SharePoint Store, vous trouverez des APPs déjà personnalisées, gratuites ou payantes : celles qui rencontrent le plus grand succès sont les APPs permettant de déployer des carrousels d'images.

On ajoutera telle ou telle application de liste ou de bibliothèque en fonction des besoins des utilisateurs d'un site : ces besoins des utilisateurs peuvent être différents que l'on mette en place un site plutôt « intranet » pour améliorer la communication interne ou que l'on souhaite déployer un site de travail collaboratif pour « un groupe de travail ».

QUELLES APPS AJOUTER POUR CRÉER UN SITE INTRANET « TRADITIONNEL » ?

Comme présenté au chapitre précédent, un intranet possède traditionnellement deux fonctions principales :

- Publier des informations de type actualités,

- Publier des informations de type informations de support.

L'intranet traditionnel peut également avoir la fonction d'être un portail, une plateforme de liens vers des éléments SharePoint (par exemple, les accès aux sites collaboratifs) ou vers d'autres composants du système d'information.

Si vous débutez avec un site d'équipe ou un des deux sites de publication, vous trouverez, comme APP déployée par défaut, une bibliothèque de pages Wiki appelée Pages de site, qui sert à développer les pages de votre site web le plus simple.

Publier des informations de type actualités

Quelles APPs ajouter ? La réponse sera à identifier auprès de vos utilisateurs mais j'aime à penser que l'intranet est souvent le reflet numérique de l'organisation physique : pour se représenter la future page d'accueil, nous pouvons nous poser la question « que trouve-t-on dans le hall d'accueil de votre organisation comme information ? On pourra y trouver un panneau de bienvenue qui annonce la présence dans les locaux de visiteurs de type client ou partenaire, ce message de bienvenue peut tout à fait se matérialiser dans SharePoint par l'ajout d'une APP Annonces ou d'une APP Calendrier. Si on traverse le hall d'entrée et que nous poursuivons la lecture des informations sur les murs des parties communes, on trouvait par le passé des informations diffusées *via* un canal de communication descendant depuis le management vers l'ensemble de ses collaborateurs ; ces panneaux d'informations se sont dématérialisés sous la forme d'e-mails envoyés par l'intermédiaire de listes de diffusion. L'intranet va permettre de réduire le nombre de ces e-mails envoyés à « tout le monde » ou à des listes de diffusion en remettant à disposition ces informations sous forme d'espaces de publication numériques :

- La lettre d'information publiée par le Top Management (par exemple, « les mots du Président »), un fichier PDF qui trouvera sa place dans une bibliothèque de fichiers SharePoint, sous la forme d'un billet de blog, ou d'une page de l'APP de type bibliothèque de page Wiki ;

- Des news générales ou ciblées par canaux de diffusion, généralement publiées par les fonctions de support à l'organisation (comme la Communication interne ou les Ressources humaines) au travers de news sur le modèle de flux d'informations, que l'on appellera « Carnet rose », « Réunion d'information », de « Session de formation » ou « Annonce d'arrivée de nouveaux collaborateurs » *via* l'APP Annonces, l'APP Calendrier, le site Blog ou le site Wiki de publication ;

- Les invitations à des événements internes ou externes au travers de l'APP Calendrier.

Comme vous l'aurez probablement noté, il n'y a généralement pas de juste recette quant au choix de l'APP et vous devrez probablement choisir le composant fonctionnel (APP ou site), en dépit du bon sens, au travers d'une évaluation d'utilisabilité avec les intéressés, non seulement auprès des utilisateurs qui consulteront les informations mais aussi avec auprès de ceux qui contribueront à travers le composant choisi.

Publier des informations de type informations de support

Le choix des APPs dépendra des types d'informations de support que vous souhaiterez offrir : des modèles de fichiers, des procédures, des logigrammes, des références, des archives, des logos, des photos et des vidéos relatant des événements internes ou externes à travers les APPs Bibliothèques de documents, Images ou Biens (multimédias). Pour la fonction « informations de support » comme pour la fonction « news » de l'intranet traditionnel, il n'y a pas de recette unique quant au choix des APPs : si vous souhaitez partager des référentiels documentaires (cadre procédural ou normatif, FAQ, base de connaissances), vous pourriez aussi bien choisir de publier des informations sous la forme de fichiers mais également en termes de contenu web sous la forme de pages Wiki.

QUELLES APPs AJOUTER POUR CRÉER UN SITE COLLABORATIF ?

Sur le site d'équipe de base (également sur le nouveau modèle de site Microsoft Team de SharePoint Online), une bibliothèque de documents, un fichier OneNotes et un « Chat », appelés flux de discussion ayant pour but de réduire le nombre d'e-mails, accompagnent la bibliothèque de pages de site : on va ainsi pouvoir collaborer autour de fichiers de documents mais il serait trop restrictif de considérer que vos futurs utilisateurs ne collaborent qu'autour de simples fichiers.

Sur le site de projet de base (également sur le nouveau modèle de site Office Groupes de SharePoint Online), vous trouverez des APPs supplémentaires par rapport au site d'équipe : un calendrier et un outil de gestion de tâches qui intéresseront les membres de votre groupe dans la réalisation de leur travail.

Vous découvrirez dans la dernière partie de ce chapitre que certaines de ces APPs possèdent une intégration riche avec Outlook, ce qui peut vous inciter à ajouter une boîte aux lettres de site, l'APP Contacts qui permet de partager des fiches de contacts Outlook par une simple manipulation de Glisser-Déposer. Enfin, autre APP trouvant très fréquemment sa place dans des groupes de travail collaboratif, la liste de liens permet de partager des URL sous forme de contenu web plutôt que des URL insérées dans un fichier.

Ce sont vos futurs utilisateurs qui guideront le choix des APPs que vous allez déployer, vous devrez aller à la rencontre des besoins des utilisateurs pour vous intéresser à leurs processus de travail bureautiques le plus souvent non formalisés.

Présentation des **fonctionnalités d'APP**

Toutes les APPs de type Bibliothèque et Liste répondent à une même logique de fonctionnement : elles possèdent des fonctionnalités que je classe en deux catégories :

- Des fonctionnalités d'utilisateur, présentes sur la partie Front-Office Web de SharePoint (les rubans d'édition et le menu contextuel),

- Des fonctionnalités de concepteur et de gestionnaire, présentes sur la partie Front-Office Web de SharePoint (les rubans d'édition) et la partie Back-Office Web de SharePoint (un ensemble de pages de paramétrage).

Des fonctionnalités utilisateur

Les fonctionnalités utilisateur sont logiquement déployées *via* l'interface « Front Office » de SharePoint, au travers du ruban d'édition et du menu contextuel représenté par les points de suspension [...] en regard de l'élément.

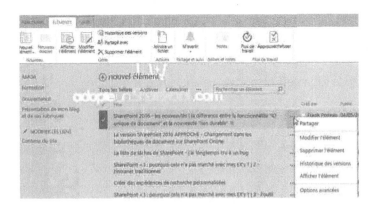

LE RUBAN D'ÉDITION

L'année 2016 a vu l'apparition progressive d'une nouvelle interface de ruban d'édition dans la version online. Par conséquent, il existe désormais deux rubans d'édition :

- Le ruban d'édition « Classique »,

- Le ruban d'édition « Nouvelle expérience ».

Le ruban d'édition « classique »

Apparu dans l'édition 2010 pour faire écho à la version Office 2007, le ruban d'édition « classique » de SharePoint figure de base sur la partie supérieure de l'écran de travail.

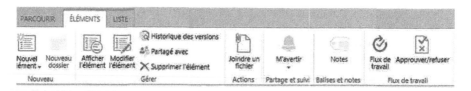

Le ruban de l'APP propose deux onglets :

- « Éléments », le premier onglet en partant de la gauche, relatif aux éléments de la liste (ou l'onglet « fichiers » lorsque vous vous trouvez dans une bibliothèque),

- « Liste », le second onglet, relatif aux paramètres de l'APP de type Liste (ou Bibliothèque).

Chaque onglet de ruban est composé suivant la même logique :

- Les groupes de fonctionnalités : les fonctionnalités et les commandes similaires sont regroupées au-dessus d'un libellé de dénomination de groupe de fonctionnalités, séparé par une ligne verticale grisée ;

- Les menus de fonctionnalité : la flèche ▼ présente sous certaines icônes invite à cliquer pour dérouler une liste de fonctionnalités/commandes proposées ;

- Les boutons/commandes de fonctionnalité pour interagir avec l'élément sélectionné : les fonctionnalités principales attendues comme créer, modifier ou supprimer des éléments ou des fichiers sont présentes sur le ruban « Éléments » ou « Fichiers » (il est indispensable de sélectionner l'élément dans la liste avant de cliquer sur le bouton de fonctionnalité désiré ; pour certains boutons de fonctionnalité, il est possible de sélectionner plusieurs éléments pour réaliser une action de groupe (Supprimer, par exemple) ; pour d'autres boutons, sélectionner plusieurs éléments empêchent la possibilité de cliquer car toutes les fonctionnalités ne sont pas applicables après avoir sélectionné plusieurs éléments (Modifier, par exemple)) ; le ruban « Liste » (ou « bibliothèque ») possède des fonctionnalités permettant de changer d'affichage ; par exemple, il est possible d'ouvrir une bibliothèque de documents sous Windows Explorer depuis le ruban.

Au chapitre suivant, nous entrons dans le détail de la richesse fonctionnelle des APPs ; retenez à ce stade que le nombre et le type de fonctionnalités présentes sur les onglets varient en fonction du type d'APP car les onglets sont « contextuels » :

- Les fonctionnalités disponibles varient en fonction du type d'APP ;
- Entre les APPs de liste, vous ne retrouverez pas toujours les mêmes fonctionnalités ; par exemple, les rubans d'édition des APPs Calendrier et Tâches, plus riches fonctionnellement que les listes Liens ou Annonces, possèdent des rubans d'édition avec des fonctionnalités inédites, dans le sens où certains groupes de fonctionnalités n'existent pas dans les autres types d'APP.

Le ruban d'édition « Nouvelle expérience »

Si vous maîtrisez le ruban d'édition « classique », vous constaterez que le ruban d'édition « Nouvelle expérience » ne va pas vous demander un effort plus important pour l'appréhender.

La raison est que ce second ruban est assez épuré par rapport au premier, même s'il continue d'évoluer au gré des mises à jour de SharePoint Online. Vous y trouverez moins de fonctionnalités et il sera donc plus simple à appréhender pour un utilisateur final, surtout en situation de mobilité (si on travaille sur des écrans plus petits).

Le ruban d'édition « classique » est par conséquent davantage orienté pour une utilisation avancée, pour les utilisateurs disposant de droits de conception et de gestion de l'APP.

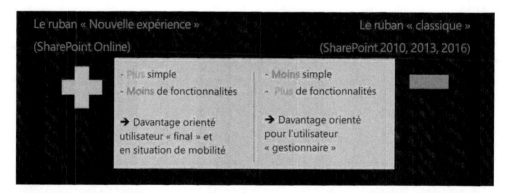

LE MENU CONTEXTUEL

Depuis l'édition SharePoint 2013, interagir avec les fonctionnalités présentes sur le menu contextuel implique de cliquer sur les points de suspension […] en regard de l'élément : les fonctionnalités proposées sont par conséquent uniquement relatives à l'élément sélectionné.

Un certain nombre de nouveautés sont apparues en 2015 dans l'interface d'édition des bibliothèques et autres listes sur SharePoint Online, les éditions SharePoint Online et 2016 Server ont vu arriver la possibilité d'interagir avec le menu contextuel de l'élément par le simple fait de « cliquer sur le bouton droit de la souris ».

Le menu contextuel connaît désormais une partie Paramètres avancés avec des fonctionnalités que nous découvrirons au chapitre suivant.

Des fonctionnalités de concepteur et de gestionnaire d'APP

Comme vu au paragraphe précédent, les fonctionnalités de concepteur et de gestionnaire d'une APP sont disponibles sur des pages d'administration que j'appelle le « Back-Office » de la solution ; certaines de ces fonctionnalités figurent néanmoins déjà dans l'interface « Front Office » de SharePoint (le ruban d'édition et le menu contextuel).

DANS LE RUBAN D'ÉDITION ET LE MENU CONTEXTUEL

Pour l'utilisateur, certains boutons de fonction sont grisés car inactifs en raison des permissions données pour un utilisateur donné : si l'utilisateur n'a pas le droit de personnaliser son APP, cliquer sur le bouton de fonction [Ajouter un champ] sera inopérant.

La définition des autorisations utilisateur peut ainsi venir panacher l'activation de ces fonctionnalités de l'utilisateur ou du gestionnaire de l'APP à qui on peut donner tout ou partie des droits d'utilisation des fonctionnalités (le chapitre 10 du tome 2 traitant de la gouvernance fonctionnelle détaille le fonctionnement des autorisations dans SharePoint). Par conséquent, il est important de noter les points suivants :

- Les onglets de ruban de fonctionnalité et le menu contextuel sont destinés à l'utilisateur et au gestionnaire de l'APP ;

- Il peut arriver que certains boutons de fonctionnalité soient inactifs alors que l'utilisateur a bien sélectionné l'élément dans la liste avant de cliquer sur le bouton de fonctionnalité car l'activation ou la désactivation de ces boutons de fonctionnalité dépend des autorisations de chaque utilisateur.

Le concepteur ou le gestionnaire de l'APP accède aux fonctionnalités de paramétrage de l'APP Bibliothèque ou Liste, en cliquant sur le bouton de fonction présent sur l'onglet « Liste » ou « Bibliothèque » ou depuis la présentation du contenu du site.

LES PAGES DE PARAMÉTRAGE DE L'APP

L'interface de paramétrage de l'APP est une interface « Back Office » constituée d'une série de pages web où seuls les ayants droit disposent des autorisations pour en modifier les paramètres fonctionnels. Pour accéder aux paramètres d'une liste ou d'une bibliothèque, plusieurs façons de procéder :

- N'importe où dans votre site où se trouve votre APP, ouvrir le menu « Paramètres » en haut à droite de l'écran, cliquer sur [Contenu de site] puis sur les [...] en regard du nom de l'APP à paramétrer ;

- Dans la page de votre APP, cliquer sur le ruban d'édition classique sur l'onglet « Liste » (ou « Bibliothèque ») sur le bouton de fonction [Paramètres de liste] (ou bibliothèque) (attention en mode ruban d'édition « Nouvelle Expérience », ouvrir le menu « Paramètres » en haut à droite de l'écran, cliquer sur [Paramètres de liste]).

Les chapitres 3 et 4 détaillent le paramétrage avancé des APPs en s'appuyant sur des exemples concrets.

L'INTÉGRATION AVEC LA SUITE OFFICE

SharePoint est un progiciel possédant ses propres fonctionnalités, complémentaires à la suite Office, et SharePoint s'intègre ainsi nativement à la suite Office :

- Fonctionnant à partir d'un navigateur internet, SharePoint fonctionne également de concert avec l'explorateur Windows pour gérer les fichiers bureautiques à condition d'utiliser les versions compatibles d'Internet Explorer et ainsi obtenir la meilleure intégration avec l'explorateur Windows ;

- SharePoint possède une intégration avancée avec les logiciels Word, Excel, PowerPoint, OneNote et Visio ; par exemple, lorsque vous enregistrerez vos documents, ces logiciels vous inviteront à enregistrer non seulement sur l'ordinateur mais surtout vers un site SharePoint déjà utilisé ou de naviguer sur une URL connue ;

- Outlook, Project et Access possèdent une intégration avec SharePoint encore plus poussée.

Ce paragraphe vous propose de passer en revue les types d'intégration des logiciels avec SharePoint pour vous permettre de dépasser l'utilisation des fonctionnalités de stockage de fichiers de SharePoint ; concernant cette intégration, deux principes sont à retenir :

- Certains logiciels Office s'interfacent avec certaines APPs SharePoint ;

- Le type d'intégration entre SharePoint et Office (unidirectionnel ou bidirectionnel) diffère en fonction de l'APP.

L'intégration avec les **logiciels bureautiques de la suite Office**

Lorsque vous cliquez dans SharePoint sur un document de type Word, Excel et PowerPoint, le lien qui se trouve sur la page vous permet d'ouvrir le fichier soit sur le poste Client (la suite Office doit être installée) soit directement dans le navigateur internet (si les logiciels Office Web App sont installés).

Les Office Web App

Les Office Web App sont disponibles par défaut sur SharePoint Online contrairement à un environnement serveur pour lequel les Office Web App doivent faire l'objet d'une installation spécifique sur un serveur dédié.

En tant que concepteur et gestionnaire d'APP de type Bibliothèque de documents, vous avez la possibilité de choisir de forcer l'ouverture d'un document Office... :

- ... Plutôt sur le poste client, si la population d'utilisateurs se trouve en environnement intranet et qui préférera travailler sur les logiciels installés en local pour les fonctionnalités avancées plutôt que sur les versions logicielles Office Web APP qui ne couvrent pas l'ensemble du périmètre fonctionnel des logiciels installés ;

- ... Plutôt sur SharePoint en mode Office Web App pour une population d'utilisateurs en situation de mobilité ou en environnement collaboratif extranet, avec des partenaires ou des clients pour lesquels vous ne souhaiterez pas imposer l'installation et l'utilisation systématique de la suite Office.

Une troisième option existe : elle consiste à ne pas choisir au niveau de l'APP mais d'hériter du paramètre tel qu'il est décidé au niveau général, au niveau de la collection de sites par l'administrateur.

L'administrateur du serveur SharePoint a la possibilité de gérer les types de fichiers autorisés (par défaut, les types de fichier bloqués sont listés à cette adresse https://technet.microsoft.com/fr-fr/library/cc262496.aspx) ; sur les versions 2016 Server et Online de SharePoint, cette liste de fichiers autorisés est moins restrictive.

Sur la version Online de SharePoint cette liste de fichiers autorisés n'est pas gérable par un administrateur. Comme la suite Office ne permet pas d'ouvrir tous les fichiers, SharePoint sera alors davantage utilisé pour ses fonctionnalités de stockage de fichiers.

Notez que Word 2013 ouvrait déjà les fichiers au format PDF et que l'édition 2016 d'Office et de SharePoint permet désormais d'éditer des documents au format Open Office XML (OOXML) et Open Document (ODF 1.2).

L'explorateur Windows

Pour gérer les fichiers, Microsoft a depuis très longtemps permis aux utilisateurs d'utiliser leur poste de travail pour accéder aux fichiers bureautiques déposés sur SharePoint à travers le bouton de fonction « Ouvrir avec l'explorateur ».

Une fois l'explorateur de fichiers Windows connecté à votre SharePoint (il faudra la première fois déclarer votre SharePoint en tant que site de confiance de manière à ce que votre poste de travail accepte d'exécuter l'instruction de SharePoint d'ouvrir le navigateur), l'interface d'explorateur de fichiers permet alors de naviguer, de déplacer les fichiers plus aisément qu'au travers du navigateur internet, de renommer les fichiers. Pour éviter de devoir appuyer sur le bouton de fonction « Ouvrir avec l'explorateur » pour une ou plusieurs bibliothèques où le collaborateur vient travailler fréquemment, il est alors recommandé de l'enregistrer dans les favoris de son explorateur de fichiers Windows. Il suffit juste de procéder par un clic droit dans l'intitulé de la rubrique « Favoris » pour se voir proposer d'ajouter l'emplacement actuel dans ses favoris.

L'utilisateur aura alors accès directement à sa bibliothèque de document *via* l'explorateur sans devoir passer par SharePoint ; néanmoins, la connexion effective à SharePoint doit être active (l'utilisateur doit s'être identifié sur SharePoint) et il n'est donc pas possible de travailler de cette manière sans être connecté, à la différence de la fonction SYNC.

Le bouton de commande SYNC de SharePoint

En cliquant sur le bouton de commande SYNC de la bibliothèque de documents, votre utilisateur aura la possibilité de travailler par la suite en mode déconnecté ; par conséquent, votre utilisateur sera invité la toute première fois à installer le logiciel de synchronisation appelé OneDrive depuis l'édition SharePoint 2013.

Confusion entre OneDrive, logiciel de synchronisation, et OneDrive l'espace personnel

Fréquente confusion entre OneDrive, le logiciel de synchronisation entre l'explorateur Windows et SharePoint avec OneDrive, l'espace personnel de l'utilisateur de SharePoint ! L'espace personnel OneDrive pourrait être considéré simplement comme le « prolongement de l'espace personnel C://.../Mes documents » sur SharePoint tandis que OneDrive est le logiciel de synchronisation qui permet de synchroniser, sur son PC, des bibliothèques de documents SharePoint et... son OneDrive personnel. Personnellement, j'ai tendance à encourager les organisations à forcer la copie synchronisée du C://.../Mes documents sur le OneDrive personnel de chaque collaborateur, de manière à réaliser une copie de sauvegarde de leur machine, lorsqu'aucune copie de sauvegarde n'est effectuée par ailleurs.

L'ancêtre du logiciel de synchronisation OneDrive s'appelait SharePoint WorkSpace : c'était un logiciel gratuit complémentaire à la suite Office qui possédait un bon nombre de fonctionnalités d'interaction avec SharePoint 2010 dont la fonctionnalité de synchroniser les contenus des listes et des bibliothèques SharePoint sur son PC. Le moteur de synchronisation OneDrive a succédé à SharePoint WorkSpace pour l'essentiel en conservant cette fonctionnalité de synchronisation : dès lors, une fois que le logiciel OneDrive est installé sur l'explorateur Windows de votre poste de travail, OneDrive procède au téléchargement et à la copie du contenu en fichiers de la bibliothèque de documents et vient automatiquement ajouter dans les favoris un emplacement SharePoint au sein duquel l'utilisateur retrouvera ses bibliothèques synchronisées.

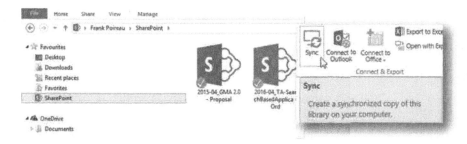

Une bibliothèque synchronisée dans l'explorateur de fichiers signifie davantage que posséder un raccourci dans ses favoris ; cela signifie que votre utilisateur possède désormais une copie synchronisée de l'ensemble de la bibliothèque de documents sur le disque dur de sa machine. Par conséquent, il faut bien veiller à ne pas synchroniser des bibliothèques trop volumineuses pour des soucis d'espace disque.

Jusqu'à l'été 2016, le moteur de synchronisation rencontrait des problèmes de fonctionnement. Parmi les événements 2016, il était attendu une nouvelle version du logiciel de synchronisation OneDrive ; OneDrive entraînait des difficultés pour certains utilisateurs, lesquels reprenant la culture de serveurs de fichiers en place depuis les années 1990, synchronisaient des larges volumes de documents sur leur PC, plutôt que de favoriser la synchronisation d'espace documentaire de travail plus ponctuels : les utilisateurs devaient parfois eux-mêmes arbitrer sur la bonne version du document qu'ils souhaitaient conserver puisque OneDrive indiquait des conflits de mise à jour, qui nécessitaient généralement d'ouvrir le document et constater le problème rencontré dans un bandeau d'avertissement jaune. Avec la mise à jour de janvier 2017, OneDrive permet maintenant de ne synchroniser que certains répertoires du OneDrive personnel mais également des bibliothèques SharePoint, ce qui permet d'éviter de synchroniser de trop importants volumes de documents sur son PC.

Dès lors que ses bibliothèques sont synchronisées, votre utilisateur a la possibilité de travailler depuis son poste de travail sur ses documents sans qu'il lui soit nécessaire d'être connecté à SharePoint : en effet, OneDrive s'occupe de resynchroniser automatiquement les espaces documentaires dès lors que votre collaborateur retrouve sa connexion à SharePoint :

- Si votre utilisateur a effectué une modification sur un fichier, OneDrive repérera le fichier modifié à partir de sa date de modification ultérieure sur son PC par rapport à SharePoint et procédera à l'envoi du document modifié sur SharePoint ;

- Si, à l'inverse un document a été modifié sur SharePoint dans l'intervalle de temps où votre utilisateur a été déconnecté, OneDrive repérera le fichier modifié à partir de sa date de modification ultérieure sur SharePoint par rapport au PC et procédera à l'envoi du document modifié sur le poste ;

- Enfin, si dans l'intervalle de temps où votre utilisateur n'était pas connecté, il a effectué une modification sur un document également modifié par ailleurs sur SharePoint, OneDrive procédera à l'intégration des modifications de document repéré à l'intérieur du document pour en faire une dernière version en respectant l'heure des dernière modifications et le logiciel d'édition associé au fichier ne manquera pas d'interpeller le prochain utilisateur qui avait effectué des modifications sur l'acceptation ou le refus des modifications effectuées par l'autre utilisateur.

La version 2016 de OneDrive for Business	Il existe des différences dans le paramétrage de synchronisation de l'espace OneDrive et des bibliothèques de documents SharePoint :

- On peut stopper la copie synchronisée de l'espace personnel *via* un clic droit ;

- Pour stopper la synchronisation d'une bibliothèque SharePoint sur son PC, il est nécessaire de cliquer sur l'icone **Microsoft OneDrive** dans le ruban de fonctionnalités de Windows.

Word, PowerPoint, Publisher

Word, PowerPoint, Publisher sont des logiciels de la suite Microsoft Office dont les fichiers peuvent être stockés et gérés dans SharePoint ; néanmoins, ces trois logiciels permettant la production de documents possèdent chacun leur spécialisation : Word est le traitement de texte, PowerPoint est l'atelier de conception de présentations multimédia tandis que Publisher est le logiciel de mise en page. Par conséquent, du fait de son éloignement avec le monde bureautique, Publisher est le moins connu et le moins répandu des trois et ne possède pas de version online sur SharePoint : ainsi, vous ne pourrez faire avec des fichiers Publisher ce que vous pouvez faire avec les types de fichiers Word et PowerPoint comme publier le contenu des documents en pleine page Web, grâce au « code embarqué » que l'on récupère sur les versions Online des logiciels Word et PowerPoint.

En effet, dans la bibliothèque de documents, des fonctionnalités de publication, de partage et de suivi de document sont possibles depuis la « légende » d'un document Word ou PowerPoint, en cliquant sur les points de suspension [...] en regard du fichier à renommer. La légende d'un document contient :

- Un menu contextuel d'informations et de commandes,

- Une fenêtre de prévisualisation du document (le Serveur Office Web Apps doit être installé en environnement Serveur de façon dédiée).

Les informations « embarquées » des documents Word et PowerPoint permettent de publier le

document en mode « Pleine page » ; pour ce faire, l'utilisateur doit posséder les droits d'éditer les pages :

DocumentPage

1. Dans la légende, cliquer sur [Informations incorporées] (« Embed Information » en anglais)

2. Copier le code à embarquer

3. Ouvrir la page où publier le document

4. Positionner le curseur et coller le code embarqué dans la page par l'intermédiaire du bouton de fonction « Code incorporé »

5. Enregistrer les modifications sur la page

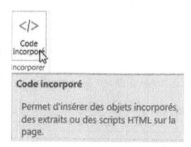

Les fichiers Publisher sont ainsi traités comme tous les autres fichiers acceptés par SharePoint : si le type de fichier est accepté par SharePoint, SharePoint enverra l'instruction au poste de travail d'ouvrir le fichier dans la combinaison type de fichier – logiciel prévue à cet effet.

Excel

Vos collaborateurs peuvent bien entendu stocker leur fichier Excel dans les bibliothèques de documents et les listes : les types de fichiers Excel font partie des types de fichiers non bloqués par défaut dans SharePoint, à la réserve près que la version Office Web App d'Excel n'accepte pas tous les calculs et fonctionnalités que permet la version Poste Client d'Excel.

Excel est différent de PowerPoint et de Word surtout parce qu'il entretient des relations particulières avec SharePoint du fait de sa proximité avec le concept des APPs présenté dans la section précédente :

- En affichage « Modification rapide » (onglet « Liste du ruban »), l'utilisateur peut réaliser des opérations de copier/coller depuis un fichier Excel dans une APP SharePoint dès lors que les types de données correspondent ;
- Il est possible d'importer et d'exporter une liste ou une bibliothèque SharePoint vers Excel.

Pour cela, vous ne pouvez pas travailler avec Excel Online ; le logiciel Excel doit être installé sur l'ordinateur et vous devez disposer d'un accès en lecture à la liste SharePoint :

- Importer une feuille de calcul Excel existante depuis SharePoint,

Importer une feuille de calcul
Détails de l'application

- Exporter la liste ou la bibliothèque SharePoint vers Excel.

Exporter vers Excel

IMPORTER UNE FEUILLE DE CALCUL EXCEL EXISTANTE DEPUIS SHAREPOINT

Parmi les types d'APPs proposées lorsque l'on veut enrichir fonctionnellement son site, SharePoint propose l'APP « Importer une feuille de calcul Excel existante » ; l'opération ne sera couronnée de succès que si le fichier possède une structure en colonne familière à SharePoint ; pour comprendre rapidement et simplement, vous pouvez exporter une APP au format Excel, pour vous donner une idée précise de ce qu'est une structure en « tableau Excel ».

Le tableau doit être structuré de lignes de données et d'entêtes de colonnes sur lesquels on peut appliquer des commandes de filtre et de tri.

Si malgré cela vous n'y parvenez pas, vous pouvez copier/coller vos éléments à condition d'avoir préparé la liste « cible » (ne fonctionne pas avec une bibliothèque de documents) en lui ajoutant le nombre et le type de colonnes du tableau que vous souhaitez importer (le chapitre 4 présente les types de colonnes de SharePoint).

EXPORTER LE CONTENU DE L'APP VERS EXCEL

Depuis l'édition 2010, Microsoft a repositionné Excel comme outil de traitement des données en vue de réaliser et publier des tableaux de bord (B.I.) dans SharePoint : seule une synchronisation de type uni directionnel de SharePoint vers Excel existe désormais entre SharePoint et Excel.

Vous avez la possibilité d'exporter le contenu d'une liste ou d'une bibliothèque SharePoint :

- Vous exportez l'affichage courant de la liste (les affichages sont présentés au chapitre 4) ;
- Il n'est pas possible d'exporter les différentes « versions » d'une liste par l'interface d'utilisation.

Une fois que vous exporter le contenu de l'APP dans un fichier Excel, il est possible de synchroniser cette liste pour qu'elle effectue le rafraîchissement des données dès que vous ouvrez le fichier :

1. Cliquer dans le ruban « Bibliothèque/Liste » > [Exporter vers une feuille de calcul].

2. Si vous êtes invité à confirmer l'opération, cliquer sur [OK].

3. Dans la boîte de dialogue « Téléchargement de fichier », cliquer sur [Ouvrir].

4. Dans Excel, vous êtes invité à activer des connexions de données, cliquer sur [Activer] puis, dans le ruban « Données », cliquer sur [Connexions] puis sur [Propriétés]... Et cocher les actualisations en arrière-plan et lors de l'ouverture du fichier.

L'export des données d'une APP va être utilisé pour traiter les données dans un but d'analyse ; Microsoft a longtemps fait d'Excel son fer de lance pour la démocratisation de la B.I. auprès des utilisateurs bureautiques ; je vous invite donc à lire le chapitre 8 du tome 2 consacré à la B.I. et SharePoint dans lequel vous découvrirez qu'il est possible de publier tout ou partie d'un fichier Excel, i.e. une plage de données ou un élément graphique en particulier.

Access

Notez qu'Access et SharePoint s'adorent et que, grâce à SharePoint, Access est plus que jamais un outil à reconsidérer dans son système d'information. Premièrement, il n'est pas recommandé d'enregistrer une application Access comme un simple fichier dans une bibliothèque : par défaut, les types de fichier Access font parties des types de fichiers non autorisés sur les éditions Serveur de SharePoint (cette restriction n'est pas en place sur SharePoint Online). La raison est que l'intégration entre SharePoint/Access révèle une surprise de taille lorsque l'on découvre qu'une solution Access a vocation à être « portée sur SharePoint » en tant que solution SharePoint à part entière. Comme les données Access sont, de ce fait, chargées facilement dans la base de données SQL Server de SharePoint et qu'elles peuvent ainsi faire l'objet d'opérations de Reporting, une organisation ne peut plus considérer Access comme un ensemble de données satellites du système d'information, avec à leur tête des utilisateurs plus ou moins contrôlables, en termes de développement.

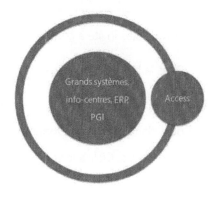

L'intégration avec Access est riche et peut donc revêtir deux formes :

- Au travers du déploiement d'une application Access à part entière (tables et formulaires) sous forme d'une APP ; cette possibilité est détaillée au chapitre 7 du tome 2 dédié à la création d'applications « Métier » SharePoint sans développer ;

- Au travers du bouton « Ouvrir avec Access » depuis le ruban d'édition d'une APP, présentée ci-dessous.

Cliquer sur le bouton [Ouvrir avec Access] depuis le ruban d'édition d'une APP permet la mise en place au choix d'une liaison uni directionnelle ou bidirectionnelle ; en effet, dans SharePoint, vous pouvez ouvrir une APP dans Access en cliquant dans l'onglet « Liste » sur le bouton de fonction [Ouvrir avec Access] ; SharePoint vous proposera :

- Soit d'exporter dans Access (sous forme d'une copie),

- Soit de lier la liste et de la faire fonctionner en mode hybride (bidirectionnelle).

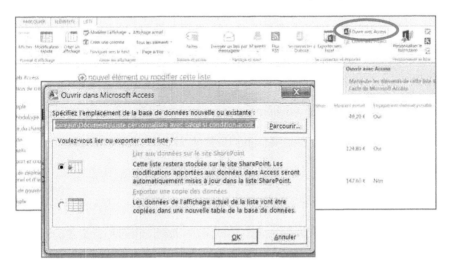

Cette liaison bidirectionnelle peut également se faire de façon hybride, ce qui permet à une population nomade (ne disposant pas toujours d'une connexion à SharePoint) de travailler de façon déconnectée sur des éléments qui ne sont pas des fichiers (pour les fichiers, nous utiliserons les fonctionnalités de synchronisation de OneDrive présentées précédemment dans ce chapitre).

L'intégration avec Access exposée ci-avant n'est disponible que pour les versions Enterprise de SharePoint Server et Online (à partir de E3).

Visio

Les types de fichiers Visio ne font pas partie des types de fichiers bloqués par défaut par SharePoint : par conséquent, vous pouvez stocker des fichiers Visio dans n'importe quelle bibliothèque ou plus spécifiquement dans le modèle de site dédié à Visio (type de site : entreprise).

Comme Excel et Access, Visio possède également une synchronisation riche avec SharePoint puisque vous pouvez utiliser Visio pour :

- Élaborer vos propres workflows SharePoint ;
- Suivre l'état d'avancement d'éléments dans les workflows SharePoint ;
- Suivre des états sur d'autres éléments de liste ou de bibliothèque que les workflows SharePoint ;
- Suivre des états sur des éléments externes à SharePoint.

L'intégration entre Visio et SharePoint est de type unidirectionnelle (SharePoint vers Visio) et est plus largement décrite dans le tome 2, dans les chapitres 7 et 8.

L'intégration avec **Outlook**

Cette section aurait pu ouvrir le chapitre traitant de l'intégration entre SharePoint et Office étant donné l'urgence de sortir vos utilisateurs de Outlook : en effet, ils y passent probablement la plus grande partie de leur temps de travail, comme dans de nombreuses organisations ! Ce paragraphe va vous donner l'occasion de les attirer vers SharePoint. Outlook est un axe important d'amélioration de la productivité d'un groupe de travail car de nombreuses actions de coordination et de synchronisation sont généralement réalisées dans Outlook par les utilisateurs par le biais d'e-mails généralement strictement internes, apportant une contribution énorme à l'explosion du nombre d'e-mails. Hormis le possible partage de calendriers et de dossiers publics, il est utile de repositionner Outlook pour ce qu'il est avant tout, un outil de productivité individuelle comme le reste des logiciels de la suite Office : l'utilisateur y retrouve ses contacts personnels, ses notes personnelles et ses tâches personnelles qu'il peut néanmoins maintenant partagées. Ce que l'on découvre ici et maintenant, c'est la faculté de déployer dans SharePoint un site qui contiendra des éléments Outlook (rappelez-vous la règle : « un site SharePoint par groupe de travail... ») :

- Des réunions issues de calendriers de groupe,
- Des fiches contact à partager,
- Des fils de discussion de manière à réduire le nombre d'e-mails internes,
- Des boîtes aux lettres de site.

Avant d'examiner les fonctionnalités d'intégration entre Outlook et SharePoint, je vous propose de (re)découvrir les fonctionnalités utilisateur méconnues.

Les fonctionnalités utilisateur impliquant Outlook/SharePoint *via* l'explorateur Windows

De base, comme vous allez le constater ou de le redécouvrir, certaines fonctionnalités utilisateur existant entre Outlook et SharePoint s'effectueront *via* l'explorateur de fichiers Windows : ce sont donc les fonctionnalités d'intégration entre l'explorateur Windows et Outlook d'une part et entre l'explorateur Windows et SharePoint d'autre part qui offraient déjà aux utilisateurs de transférer des e-mails et/ou des pièces jointes bureautiques d'un endroit à l'autre, sur les éditions antérieures à l'édition SharePoint 2016.

Des éditeurs tiers ont apporté des fonctionnalités complémentaires à ces actions de base et Microsoft continue d'améliorer cette intégration (apparition des boîtes e-mails de site avec l'édition SharePoint 2013, liens vers OneDrive avec l'édition SharePoint Online).

Les fonctionnalités utilisateur basées sur l'intégration directe entre SharePoint et Outlook

Il est possible de gérer dans un site SharePoint des données Outlook et vice-versa : vous allez constater que le type de connexion est variable, généralement bidirectionnel, parfois seulement unidirectionnel, en fonction de l'APP SharePoint que l'on va connecter à SharePoint : les « Personnes de contact », les éléments de « Calendrier », les « Tâches », autant d'éléments que l'on retrouve naturellement dans Outlook mais également plus étonnamment des discussions SharePoint, des documents SharePoint...

Même si les deux logiciels ne cessent de se rapprocher fonctionnellement au fur et à mesure des éditions, pour un souci de clarté, modérons néanmoins en précisant que les rôles entre Outlook et SharePoint restent bien distincts :

- Les e-mails restent gérés dans Outlook, même lorsque l'on déploie l'APP Boîte e-mail de site ; en effet, lorsque l'on ajoute une APP Boîte aux lettres de site à son site, un raccourci SharePoint est alors créé vers Outlook vers une nouvelle boîte e-mail de groupe, accessible pour tous les membres du site ;

- Il est vivement conseillé de gérer les documents dans SharePoint et, par conséquent, de migrer les éventuels répertoires publics d'Outlook vers SharePoint.

L'APP BIBLIOTHÈQUE DE TRAVAIL CONNECTÉE À **O**UTLOOK

Connecter SharePoint à Outlook

Pour connecter l'APP bibliothèque de travail avec Outlook :

1. Cliquer sur [Bibliothèque] pour ouvrir l'onglet du ruban « Bibliothèque »

2. Cliquer sur [Se connecter à Outlook] dans l'onglet du ruban

3. Quand la fenêtre d'application apparaît dans le navigateur internet pour demander l'autorisation d'envoyer une instruction en direction d'Outlook depuis SharePoint, cliquer sur [Permettre]

4. Quand la fenêtre d'application apparaît dans Outlook pour demander l'autorisation d'afficher le contenu de la liste SharePoint, cliquer sur [Oui]

Le type de liaison SharePoint-Outlook

Cette liaison entre SharePoint et Outlook est unidirectionnelle, depuis SharePoint vers Outlook :

- Vous pouvez consulter et attacher un document SharePoint à un e-mail depuis Outlook ;

- Les documents de SharePoint dans Outlook peuvent être joints à un e-mail *via* la connexion de bibliothèque par une opération de glisser-déposer (sans connexion de bibliothèque, un simple glisser-déposer depuis une bibliothèque de documents dans le navigateur internet fonctionne également).

En plus de créer une boîte aux lettres de site, rappelons qu'il est possible :

- D'enregistrer un e-mail dans SharePoint,

- D'enregistrer la pièce jointe d'un e-mail dans SharePoint,

- De joindre un document SharePoint en tant que pièce jointe d'un e-mail.

LES E-MAILS ET SHAREPOINT

Enregistrer un e-mail dans SharePoint

Pour enregistrer un e-mail dans SharePoint, le mode opératoire est identique à celui que l'on suit lorsque l'on souhaite enregistrer un e-mail sur son PC ou sur un serveur de fichiers. Cependant, il est nécessaire de connecter préalablement la bibliothèque de documents SharePoint à Windows Explorer (en tant que favoris, comme expliqué dans le paragraphe précédent relatif à l'intégration entre Windows Explorer et SharePoint).

Dans Outlook, ouvrir l'e-mail et l'enregistrer en cliquant sur l'onglet [Fichiers] :

1. Cliquer sur [Enregistrer sous].

2. Sélectionner la bibliothèque SharePoint préalablement connectée à Windows Explorer, vérifier la dénomination du fichier et cliquer sur [Enregistrer].

3. Dans SharePoint, rafraîchir la page de la bibliothèque pour constater que l'e-mail est désormais enregistré dans SharePoint.

Enregistrer la pièce jointe d'un e-mail dans SharePoint

Pour enregistrer la pièce jointe d'un e-mail dans SharePoint, le mode opératoire est quasi identique et nécessite tout autant que la bibliothèque de documents soit préalablement connectée à Windows Explorer, soit par un « lien favori » soit par l'option de synchronisation :

1. Dans Outlook, ouvrir l'e-mail et enregistrer la(es) pièce(s) jointe(s) en cliquant sur la fonction [Enregistrer toutes les pièces jointes] du menu contextuel de la pièce jointe.

2. Sélectionner la bibliothèque SharePoint préalablement connectée, vérifier la dénomination du fichier et cliquer sur [Enregistrer].

3. Dans SharePoint, rafraîchir la page de la bibliothèque pour constater que la pièce jointe est désormais enregistrée dans SharePoint.

Joindre un document SharePoint en tant que pièce jointe d'un e-mail

Pour joindre un document SharePoint à une pièce jointe d'e-mail, on peut passer par :

- L'explorateur Windows ouvert sur SharePoint par une simple action de glisser dans l'e-mail en cours de préparation,

- Directement depuis la bibliothèque de documents préalablement connectée à Outlook ; vous en déduirez à ce stade que le type de connexion est unidirectionnel entre la bibliothèque de documents SharePoint et Outlook.

Nouveautés 2016 – Enregistrer la pièce jointe dans OneDrive (OneDrive Online uniquement)

En moyenne 60 % de l'espace d'une boîte e-mail sert au stockage de pièces jointes.

Avec Outlook et SharePoint Online (2016 en mode hybride), au moment de l'envoi d'un e-mail avec pièce(s) jointe(s), le choix suivant vous est proposé :

- Confirmer l'envoi des pièces jointes à l'e-mail ;

- Donner l'accès sur le OneDrive aux destinataires de l'e-mail, où les pièces jointes seront enregistrées dans un répertoire dédié (OneDrive Online uniquement) et de n'envoyer que le lien, allégeant ainsi les serveurs Exchange, les bandes passantes et la charge en énergie des Data Centers...

Les e-mails et l'APP Discussion d'équipe

Avec l'APP Discussion d'équipe, c'est certainement le cas d'intégration SharePoint-Outlook le plus original car il est possible d'enregistrer un e-mail sous forme d'une discussion d'équipe :

1. Pour enregistrer un e-mail (fichier au format .MSG) dans SharePoint en tant que discussion d'équipe SharePoint, connecter préalablement l'APP Discussion d'équipe ajoutée à votre site SharePoint à Outlook.

2. Sélectionner l'e-mail et le déplacer d'un simple « drag and drop » (copier-déplacer à l'aide d'un clic « long ») depuis la boîte de réception jusqu'à la discussion d'équipe connectée à SharePoint dans Outlook.

3. Dans SharePoint, rafraîchir la page de la discussion d'équipe pour constater que le billet est désormais enregistré dans SharePoint.

La liaison est de type bidirectionnel : vous pouvez désormais éditer des discussions et des réponses depuis les deux environnements.

L'APP CONTACTS CONNECTÉE À OUTLOOK

Connecter SharePoint à Outlook

Pour connecter une liste de contacts créée dans SharePoint avec Outlook, il faut procéder de la même façon que pour n'importe quelle APP SharePoint :

1. Dans la liste, cliquer sur [Liste] pour ouvrir l'onglet du ruban « Liste ».

2. Cliquer sur [Se connecter à Outlook] dans l'onglet du ruban.

3. Quand la fenêtre d'application suivante apparaît dans le navigateur internet, cliquer sur [Permettre].

4. Quand la fenêtre d'application demandant la confirmation de la création de la liaison apparaît dans Outlook, cliquer sur [Oui].

5. Glisser-déposer les fiches de contact Outlook que vous souhaitez partager entre les 2 groupes de contacts désormais présents dans le ruban « Outlook ».

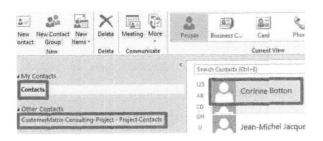

Désormais :

- Les fiches Outlook regroupées sous la nouvelle section ▸ Autres Contacts sont dupliquées et connectées de façon bidirectionnelle à votre liste de contacts SharePoint et peuvent donc être gérées de façon partagée avec les autres collaborateurs impliqués sur le site SharePoint ;

- Les fiches Outlook regroupées sous la section ▸ Mes Contacts restent vos fiches de contacts personnelles et continueront de se gérer de façon indépendante par rapport à SharePoint.

Seule la liaison entre les fiches regroupées sous « Autres Contacts » et la liste de contacts SharePoint est de type bidirectionnel.

L'APP CALENDRIER DE SHAREPOINT

Connecter SharePoint à Outlook

Superposer un calendrier SharePoint dans Outlook nécessite de connecter le calendrier SharePoint à Outlook ; pour connecter une liste Calendrier créée dans SharePoint avec Outlook, même façon de procéder pour n'importe quelle APP SharePoint :

1. Cliquer sur [Calendrier] pour ouvrir l'onglet du ruban « Calendrier ».

2. Cliquer sur [Se connecter à Outlook] dans l'onglet du ruban.

3. Quand la fenêtre d'application apparaît dans le navigateur internet pour demander l'autorisation d'envoyer une instruction en direction d'Outlook depuis SharePoint, cliquer sur [Permettre].

4. Quand la fenêtre d'application apparaît dans Outlook pour demander l'autorisation d'afficher le contenu de la liste SharePoint, cliquer sur [Oui].

Le type de liaison SharePoint-Outlook

La liaison est de type bidirectionnel : les « réunions » créées dans SharePoint sont publiées et automatiquement synchronisées dans Outlook et il est possible de créer, modifier et supprimer une réunion SharePoint depuis Outlook à condition d'en disposer les droits.

AUTRE FONCTIONNALITÉ : LES SUPERPOSITIONS DE CALENDRIER DANS SHAREPOINT

Il existe deux types de superposition de calendrier dans SharePoint :

- Vous pouvez faire apparaître un calendrier Outlook dans SharePoint ;
- Vous pouvez faire apparaître un calendrier SharePoint dans un autre calendrier SharePoint.

Pour faire apparaître un calendrier Outlook dans SharePoint, l'opération décrite ci-dessous implique de posséder l'adresse OWA.OUTLOOK de votre calendrier et d'utiliser la fonction Calendriers superposés de SharePoint :

1. Dans la section « Nom et type », saisir le « Nom du calendrier » et sélectionner [SharePoint].

2. Dans la section « Paramètres de superposition du calendrier », saisir une description pour le calendrier et modifier le thème de couleur du calendrier pour distinguer plus facilement de quel calendrier provient tel ou tel événement.

   ✓ Saisir l'URL web correspondant à l'emplacement du site puis cliquer sur [Résoudre] ;
   ✓ Sélectionner l'APP et cliquer sur la flèche déroulante [Affichage Liste] pour sélectionner l'affichage que vous souhaitez utiliser pour le calendrier ;
   ✓ Si vous souhaitez que ce calendrier ou la liste de tâches SharePoint soient affichés

en permanence dans le calendrier de groupe SharePoint, sélectionner [Toujours afficher].

De la même manière, vous pouvez publier les événements d'un calendrier SharePoint dans un autre calendrier SharePoint en utilisant une nouvelle fois la fonction Calendriers superposés de SharePoint :

1. Sur l'onglet « Calendrier du ruban », cliquer sur [Calendriers superposés]

2. Cliquer sur [Nouveau calendrier]

3. Dans la section « Nom et type », saisir le Nom du calendrier et sélectionner [SharePoint]

4. Dans la section « Paramètres de superposition du calendrier », saisir une description pour la liste de tâches et modifier le thème de couleur du calendrier pour distinguer plus facilement de quel calendrier (quel affichage) provient tel ou tel événement

    ✓ Saisir l'URL web correspondant à l'emplacement du site puis cliquer sur [Résoudre]
    ✓ Sélectionner l'APP et cliquer sur la flèche déroulante [Affichage Liste] pour sélectionner l'affichage que vous souhaitez utiliser pour le calendrier,
    ✓ Si vous souhaitez que ce calendrier ou la liste de tâches SharePoint soient affichés en permanence dans le calendrier de groupe SharePoint, sélectionner [Toujours afficher].

La superposition fonctionne avec les affichages	Vous avez remarqué que, par défaut, tous les éléments d'un même calendrier ont la même couleur, héritée du thème : notez qu'il est possible de publier des éléments d'un même calendrier suivant différentes couleurs en se basant sur différents affichages existant dans la même APP : je développe l'explication au chapitre 4.

L'APP TÂCHES

Connecter SharePoint à Outlook

Pour connecter une liste de tâches créée dans SharePoint avec Outlook, même façon de procéder pour n'importe quelle APP SharePoint :

1. Cliquer sur [Tâches] pour ouvrir l'onglet du ruban « Calendrier ».

2. Cliquer sur [Se connecter à Outlook] dans l'onglet du ruban.

3. Quand la fenêtre d'application apparaît dans le navigateur internet pour demander l'autorisation d'envoyer une instruction en direction d'Outlook depuis SharePoint, cliquer sur [Permettre].

4. Quand la fenêtre d'application apparaît dans Outlook pour demander l'autorisation d'afficher le contenu de la liste SharePoint, cliquer sur [Oui].

Le type de liaison SharePoint-Outlook

La liaison est de type bidirectionnel : les « réunions » créées dans SharePoint sont publiées et automatiquement synchronisées dans Outlook et il est possible de créer, modifier et supprimer une réunion SharePoint depuis Outlook à condition d'en posséder les droits.

Autres fonctionnalités : Publier un état d'avancement de projet dans un calendrier d'équipe SharePoint

Comme pour Outlook, vous souhaitez publier les tâches du projet dans le calendrier d'équipe ; utilisez la fonction « Calendriers superposés » :

1. Dans la section « Nom et type », saisir le Nom du calendrier et sélectionner [SharePoint].

2. Dans la section « Paramètres de superposition du calendrier », saisir une Description pour le calendrier ou la liste de tâches et modifier le thème de couleur du calendrier pour distinguer plus facilement de quel calendrier (quel affichage) provient tel ou tel événement.

   ✓ Saisir l'URL web correspondant à l'adresse du site puis cliquer sur [Résoudre] ;

   ✓ Choisir l'APP et l'affichage souhaités ; Cliquer sur la flèche déroulante [Liste] si vous souhaitez sélectionner le calendrier à ajouter ;

   ✓ Cliquer sur la flèche déroulante [Affichage Liste] et sélectionner l'affichage que vous souhaitez utiliser pour le calendrier ;

   ✓ Si vous souhaitez que ce calendrier ou la liste de tâches SharePoint soient affichés en permanence dans le calendrier de groupe SharePoint, sélectionner [Toujours afficher].

De la même manière, notons que, toujours à l'aide de la fonction calendriers superposés, vous pouvez également publier les éléments d'une APP Tâches dans un calendrier SharePoint :

1. Sur l'onglet « Calendrier » du ruban, cliquer sur [Calendriers superposés]

2. Cliquer sur [Nouveau calendrier]

3. Dans la section « Nom et type », saisir le Nom du calendrier et sélectionner [SharePoint]

4. Dans la section « Paramètres de superposition du calendrier », saisir une Description pour la liste de tâches et modifier le thème de couleur du calendrier pour distinguer plus facilement de quel calendrier (quel affichage) provient tel ou tel événement :

   ✓ Saisir l'URL web correspondant à l'emplacement du site puis cliquer sur [Résoudre] ;

   ✓ Sélectionner l'APP et cliquer sur la flèche déroulante [Affichage Liste] pour sélectionner l'affichage que vous souhaitez utiliser pour le calendrier ;

   ✓ Si vous souhaitez que la liste de tâches SharePoint soit affichée en permanence dans le calendrier de groupe SharePoint, sélectionner [Toujours afficher].

Synthèse de l'intégration avec Outlook

SHAREPOINT APP	OUTLOOK
Tâches	SharePoint Serveur est le concentrateur (O365, c'est Exchange !)
Documents	Liaison unidirectionnelle (source : SharePoint)
Calendrier	Liaison bidirectionnelle
Contacts	Liaison bidirectionnelle
Liste de discussion	Liaison bidirectionnelle
Boîte e-mail de site	Boîte e-mail de site

L'intégration avec **Project**

L'APP Tâches est une APP de type Liste, déployée en standard dans le modèle de site
« Project » mais, comme vous le savez maintenant, vous pouvez ajouter cette liste de
tâches dans les sites généralement de type collaboratif car cette liste de tâches permet
de répartir le travail entre les membres d'une équipe en assignant des tâches suivant un
ordonnancement temporel.

LES FONCTIONNALITÉS

L'APP Tâches est une liste comme une autre, c'est-à-dire composée de deux onglets dans le
ruban d'édition, un premier pour gérer les éléments de la liste et un second pour gérer la liste.

L'onglet « Tâches » correspond au ruban « Éléments de la liste » mais possède des
boutons de fonctionnalités particuliers ; les groupes de fonction sont les suivants :

- « Nouveau », pour ajouter une nouvelle tâche,

- « Gérer », pour modifier ou supprimer une tâche, suivre l'historique de versions ou
  gérer les droits utilisateurs,

- « Hiérarchie », pour gérer l'ordre et les niveaux de tâches,

- « Actions », qui permet de publier ou de dépublier une tâche dans le fil de temps
  chronologique,

- « Partage et suivi », dont les fonctions sont présentées au chapitre 3,

- « Flux de travail », dont les fonctions sont présentées au chapitre 3.

C'est une liste aux fonctionnalités plus avancées que d'ordinaire sur les autres types d'APPs SharePoint standards :

- La possibilité de créer des tâches et des sous-tâches avec la notion de prédécesseur ; notez qu'il n'y a pas de possibilité de lier les tâches entre elles, la notion de prédécesseur apparue dans l'édition 2010, ne constitue qu'une information logique à destination de l'utilisateur ;

- La possibilité de faire envoyer automatiquement par SharePoint un e-mail à l'utilisateur à qui une tâche a été assignée ; cette fonctionnalité n'est activable que par le concepteur de la liste qui peut en gérer les paramètres avancés ;

Notification par messagerie

Envoyer un message électronique lorsque l'appartenance est attribuée ou qu'un élément a été modifié.

Envoyer un message électronique lorsque l'appartenance est attribuée ?

○ Oui ● Non

- De nombreux affichages prédéfinis pour filtrer les tâches : il est ainsi possible de visualiser uniquement « mes » tâches, les tâches actives, terminées ou seulement celles qui arrivent à échéance, dans des affichages Calendrier ou Gantt ;

- En plus des affichages traditionnels de SharePoint, depuis l'édition 2013 de SharePoint, une représentation visuelle appelée « chronologie » est apposée au-dessus des éléments de la liste ; cette représentation graphique des tâches est personnalisable selon les modalités décrites dans le paragraphe suivant ;

- Comme des tâches peuvent être assignées sur différents sites collaboratifs, SharePoint 2013 regroupe les tâches sur le site personnel « My Site » de l'utilisateur, tandis que les versions SharePoint 2016 et Online ont vu les tâches SharePoint prendre la direction d'Outlook, l'espace personnel du Digital WorkSpace selon Microsoft ;

- La possibilité de joindre à la tâche des documents déjà téléchargés dans SharePoint avec une gestion des autorisations quelque peu surprenante la première fois qu'on la découvre ; pour aller plus loin, je vous invite à lire ci-dessous « Un mode opératoire inhabituel que je peux expliquer ».

Pas simple de joindre un document de projet existant à une tâche	Un mode opératoire inhabituel que je peux expliquer ; pour joindre un document présent dans la bibliothèque Projet à une tâche : - Vous ne pouvez joindre un document en mode création, ni modification ; - Vous devez ouvrir la tâche en mode Lecture, cliquer sur [Afficher plus] puis sur [Ajouter l'élément associé] dans le champ « éléments connexes ». Ce mode opératoire inhabituel s'explique par le fait que seul le chef de projet pourrait avoir le droit de modifier un élément de la liste et que ses collègues impliqués dans le projet ne possèderaient que le droit de consultation, tout en ayant la capacité de lier un document déposé dans la bibliothèque de documents.

LA CHRONOLOGIE

Le ruban contextuel « Chronologie de la liste de tâches » vous est peut-être familier si vous utilisez une des dernières éditions de Microsoft Project ; la chronologie se présente sous la forme d'un ruban dédié qui possède des fonctionnalités spécifiques rangées dans les quatre groupes suivants :

- Police, pour mettre en forme ses éléments graphiques,

- Afficher ou masquer certaines dates,

- Actions, pour verrouiller la largeur de barre de planning,

- Sélection actuelle, pour décider de la publication de certaines tâches.

Ces boutons de fonctionnalités permettent à l'utilisateur :

- Non seulement de publier dans la chronologie correspondant à une action de l'utilisateur,

- Mais également de modifier la mise en forme de chaque tâche publiée dans la ligne du temps chronologique par les fonctionnalités du groupe Police.

Le type de liaison entre la liste de tâches SharePoint et MS Project

Dans le paragraphe précédent, lorsque l'on a parcouru les groupes de fonctionnalités du ruban, on a retrouvé des fonctionnalités communes aux autres APPs de type Liste mais également des fonctionnalités propres à cette APP particulière : ceux qui connaissent Ms Project auront reconnu que, par exemple, la chronologie présentée précédemment est une fonctionnalité de Microsoft Project, apparue dans l'édition 2010. Cette APP est particulière du fait qu'elle s'intègre fortement non seulement avec Outlook mais également avec Microsoft Project ; j'en veux pour preuve la présence, dans le groupe de fonctionnalités Se connecter et exporter, du bouton de fonction [Ouvrir avec Project] que l'on trouvera uniquement pour ce type d'APP.

1. Pour ouvrir une liste des tâches dans Project, cliquer sur [Tâches] dans la barre de lancement rapide pour afficher la page « Tâches »

2. Sous l'onglet « Liste », dans le groupe « Se connecter et exporter », cliquer sur [Ouvrir avec Project]

L'intégration de la liste de tâches entre SharePoint et Ms Project est forte depuis que l'édition Ms Project 2010 a été réécrite sur la base d'un SharePoint 2010 : cela signifie que cette intégration permet des échanges bidirectionnels entre SharePoint et Project, la dernière mise à jour s'appliquant automatiquement dans l'autre logiciel, qu'elle soit effectuée dans SharePoint ou dans Project.

Est-ce que Microsoft a décidé d'abandonner Project pour SharePoint ? Pas du tout ! Microsoft vend toujours Project en mode logiciel Client, Server et maintenant en mode Cloud.

Pour expliquer l'intérêt de pareille intégration, je résumerai le positionnement de Microsoft concernant ces deux logiciels complémentaires en ces termes :

- Le chef de projet utilise Ms Project pour ses nombreuses fonctionnalités avancées que SharePoint ne possède pas et qui sont utiles pour la gestion de projet, non seulement pour gérer les tâches (dans Ms Project, on peut lier des tâches entre elles et laisser Ms Project gérer la réorganisation des tâches automatiquement lorsque l'on déplace une date liée) mais bien au-delà de la seule gestion de tâches (gestion de ressources, apparue dans l'édition 2013) ; Ms Project connaît toujours un temps d'avance par rapport à SharePoint (la version 2016 de Project permet de créer une barre de planning, pour afficher plusieurs chronologies, les dates de début et de fin de chaque chronologie étant alors distinctes ; cette nouvelle fonctionnalité n'est pas prise en charge dans SharePoint 2016) ;

- Le chef de projet utilise SharePoint non pas comme outil de planification mais pour publier l'évolution du projet vers les collaborateurs impliqués et/ou vers son management, qui ont nul besoin de posséder une licence utilisateur Ms Project ; comme nous l'avons vu plus haut, c'est la seule liste qui offre la possibilité de joindre un document à une tâche sans avoir une autre autorisation utilisateur que de consulter la liste de tâches...

Pour conclure ce paragraphe, je rappellerai enfin que la liste de tâches SharePoint fonctionne très bien sans Project et que, par conséquent, SharePoint est l'occasion de faire un pas :

- Vers les chefs de projet qui possèdent en SharePoint une plateforme de communication de l'avancement de leur travail, qui facilitera ainsi la communication, la coordination et la synchronisation, des responsabilités pouvant être très chronophages lorsque l'on travaille sans SharePoint ;

- Vers le public-cible de SharePoint, généralement non habitué à l'utilisation de logiciel de gestion de projet, baignant plutôt un environnement bureautique où, jusqu'à présent, seules les tâches Outlook leur étaient proposées.

Tâche Outlook vs. tâche SharePoint	Vous le saviez peut-être déjà ou vous l'ignoriez : avec Outlook, outil de productivité individuelle, il est néanmoins possible d'assigner une tâche à un membre de son organisation. Cela peut suffire pour une tâche « isolée » mais la liste de tâches SharePoint sera décidément d'une grande assistance pour gérer un ensemble structuré de tâches.

3 | Je n'utilise que le système de gestion de version de SharePoint

Les fonctionnalités collaboratives de création de contenu

À l'évocation de ce titre, vous vous êtes peut être fait la réflexion qu'« enfin, le chapitre 3 allait nous permettre de traiter de la gestion des fichiers bureautiques ! ». Cette remarque est tout à fait légitime car, comme vu dans l'introduction, la très grande majorité des usages de SharePoint concerne, il est vrai, la gestion de fichiers mais détrompez-vous : la grande majorité des fonctionnalités présentées dans ce chapitre permet de gérer les fichiers mais également les éléments des listes présentées au chapitre précédent. Ce chapitre pose, pour chaque fonctionnalité utilisateur, une définition et les principes d'utilisation pour que le concepteur de la solution puisse comprendre les paramètres possibles et ainsi décider du scénario d'utilisation de chaque APP : pour effectuer ces paramètres, il faut posséder des autorisations spécifiques, présentées au chapitre du tome 2 traitant de la mise en place de la gouvernance fonctionnelle. Pour la plupart des fonctionnalités collaboratives présentées dans ce chapitre 3, le concepteur de l'APP doit posséder l'autorisation de « gérer la liste » mais, lorsque des cas particuliers se présenteront, nous ne manquerons pas de le signaler. Parmi les fonctionnalités collaboratives de SharePoint, le système de gestion de version fait partie des attentes évidentes des utilisateurs, compte tenu du nombre de doublons présents dans le système d'information (poste de travail personnel, messagerie e-mail, espaces de partages de fichiers), entraînant ainsi du « temps caché » pour les utilisateurs, passé à s'assurer que l'on lit ou que l'on modifie la bonne (dernière) version du document, rechignant à supprimer des documents de leurs espaces de travail, avec le coût et les risques que cela peut entraîner...

Ce chapitre 3 va effectivement vous permettre d'adopter le système de gestion « version de SharePoint » en vous expliquant dans quelles conditions utiliser tel ou tel paramètre mais ce chapitre a surtout la vocation de présenter les autres fonctionnalités de gestion de contenu moins connues et attendues de SharePoint : SharePoint possède des fonctionnalités complémentaires aux logiciels de la suite Office qui permettent de gérer l'entièreté du cycle de vie des documents, depuis la création de document jusqu'à leur destruction, en passant par la publication et les étapes de conservation. C'est grâce à ces fonctionnalités que SharePoint va remplir sa mission d'outil organisationnel du travail collaboratif, en réalisant les tâches de communication, de coordination et de synchronisation qui incombaient aux collaborateurs dans leur travail collaboratif. Les autres fonctionnalités améliorant la collaboration, présentées dans la première partie de ce chapitre, sont donc les suivantes :

- Utiliser l'extraction obligatoire ou la coédition en temps réel,

- Définir une alerte ou s'abonner à un suivi sur un document donné,

- Paramétrer le système de versions adapté aux besoins,

- Utiliser l'approbation,

- Utiliser les flux de travail documentaires standards (workflows).

Après avoir présenté les fonctionnalités collaboratives de création de contenu, ce chapitre expose, dans une seconde section, les fonctionnalités permettant de gérer les informations tout au long de leur vie dans SharePoint :

- La fonctionnalité « Envoyer vers » qui permet de déplacer une information issue de la collaboration vers une zone de publication ou d'archive,

- Utiliser la fonctionnalité de mise en archive,

- Utiliser la stratégie de gestion de l'information.

Paramétrer la politique d'**extraction des documents**

Définition et principes

Lorsqu'un utilisateur utilise une APP de type Bibliothèque (Documents ou Pages), il peut découvrir deux façons d'interagir avec les éléments en mode modification ; en effet, SharePoint permet de modifier un document (de type fichier ou page) selon deux modes :

- Paramétré par défaut, le mode « coédition » permet de faire travailler jusqu'à dix utilisateurs en simultané non seulement sur un fichier Office de type Word, Excel (pas en version Excel Online), PowerPoint, OneNote et Visio mais aussi sur une page de site SharePoint ; il n'en demeure pas moins que l'extraction de document (« Check-Out/Check-In » dans la version anglophone ; « extraire/archiver » dans la version française) est possible pour un utilisateur qui souhaite couper la coédition pour apporter une modification soit immédiatement, soit plus tard car extraire un document revient à « réserver » la prochaine modification ; après modification, l'utilisateur doit réintroduire le document pour le rendre disponible en modification ou en lecture pour les autres utilisateurs ;

- Le Mode « Extraction obligatoire », qui par définition, oblige l'utilisateur à utiliser l'extraction avant d'apporter toute modification.

Attention, l'utilisation du terme « Archiver » utilisée dans l'interface en français est ici un faux-ami ; ce terme est issu de la traduction de « Check-out », terme étranger avec le concept d'archivage, qui existe par ailleurs dans SharePoint :

- Le concept d'archivage sera présenté dans la section suivante qui concerne la gestion du cycle de vie complet des informations ;

- Une traduction plus heureuse du verbe « extraire » aurait été « réintroduire ».

EXTRACTION OBLIGATOIRE (CHECK-OUT/CHECK-IN)	DÉSACTIVÉE	ACTIVÉE
DANS LA BIBLIOTHÈQUE...	- L'extraction est possible - La coédition est possible	- L'extraction est obligatoire - La coédition est impossible (en série)

Pour vous aider à faire un choix entre ces deux modes, je livre au paragraphe « Dans quel contexte proposer aux utilisateurs d'adopter tel ou tel paramètre ? » des pistes de réflexion.

Paramétrer puis utiliser le mode Extraction

Ce paragraphe présente les points suivants :

- Activer ou désactiver l'extraction obligatoire ; à noter que ce type d'action de paramétrage est dévolu à un utilisateur possédant l'autorisation « gérer les listes » (un chapitre du tome 2 détaille ce point) ;

- Extraire (« Check-Out » dans l'interface en anglais) un ou plusieurs documents ;

- Réintroduire un ou plusieurs documents (« Check-In » dans l'interface en anglais) ;

- Annuler une extraction (« Discard Check-Out » dans l'interface en anglais).

ACTIVER OU DÉSACTIVER L'EXTRACTION OBLIGATOIRE

Par défaut, l'APP n'est pas paramétrée en mode Extraction ; le mode coédition est donc d'application par défaut. Pour activer ou désactiver l'extraction :

1. Dans la page « Paramètres de la bibliothèque », sous « Paramètres généraux », cliquer sur [Paramètres de contrôle de version].

2. Dans la section « Exiger l'extraction », sous « Exiger l'extraction des documents avant de pouvoir les modifier », sélectionner [Oui] pour activer (sélectionner [Non] pour désactiver l'extraction obligatoire).

3. Cliquer sur [OK] pour enregistrer vos paramètres et revenir à la page « Paramètres de la bibliothèque ».

EXTRAIRE UN OU PLUSIEURS DOCUMENTS (« CHECK-OUT » EN ANGLAIS)

Comme expliqué plus haut, l'extraction peut être obligatoire (après avoir activé « Oui » dans la page de gestion des versions d'une bibliothèque) ou facultative (après avoir activé « Non » dans la page de gestion des versions) ; pour extraire un ou plusieurs documents :

1. Accéder à la bibliothèque où votre fichier est enregistré.

2. Sélectionner le ou les fichiers à archiver, puis cliquer sur [Fichiers] > [Extraire].

3. Une boîte de message s'ouvre, vous rappelant que vous êtes sur le point d'extraire un fichier ; confirmer.

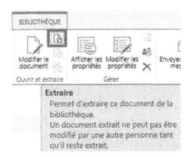

Lorsque le fichier est extrait, l'icône en regard du nom du fichier est partiellement couverte par une flèche verte pointant vers le bas :

- Cela indique à vous-même, ou à toute autre personne, que le fichier est extrait ;

- Lorsque vous pointez sur l'icône d'un fichier extrait, le nom du document et le nom de la personne qui l'a extrait s'affichent.

Publier le nom de l'utilisateur qui a extrait le document dans le tableau

Si vous souhaitez que la publication du nom de l'utilisateur qui a extrait le document figure de façon permanente dans l'APP, il est possible de modifier l'affichage des fichiers dans la liste en cliquant sur le bouton de fonction [Modifier l'affichage].

Dans la page de paramètres, dans la section « Colonnes » :

1. Cliquer sur la case à cocher [Extrait pour] (« Checked Out To » dans l'interface en anglais) et déterminer l'ordre d'affichage de gauche à droite.

2. Cliquer sur [OK] en bas de la page.

Je reviendrai sur les autres options de paramétrage d'affichage au chapitre 4.

Réintroduire un ou plusieurs documents (« Check-In » en anglais)

1. Sélectionner le(s) fichier(s) à archiver, puis cliquer sur [Fichiers] > [Archiver].

2. Dans la zone « Commentaires », vous pouvez ajouter un commentaire qui décrit les modifications que vous avez apportées.

3. Cliquer sur [OK]. La flèche verte disparaît de l'icône du fichier une fois celui-ci archivé.

Le ruban classique comporte les boutons de fonction relatifs à l'extraction tandis que... l'absence de ces boutons de fonction dans le ruban « Nouvelle expérience » entraîne l'utilisation systématique du menu contextuel [...] servant à interagir avec le fichier.

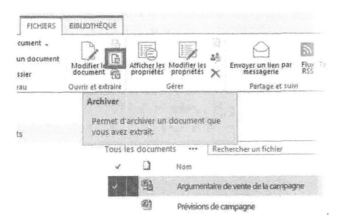

ANNULER UNE EXTRACTION (« DISCARD CHECK-OUT » DANS L'INTERFACE EN ANGLAIS)

1. Accéder à la bibliothèque où votre fichier est enregistré.

2. Sélectionner le(s) fichiers dont vous souhaitez annuler les modifications, puis cliquer sur [Fichiers] > [Ignorer l'extraction].

3. Cliquer sur [OK] pour confirmer l'annulation de l'extraction :

   ✓ Les éventuelles modifications effectuées depuis l'opération d'extraction ne sont pas conservées ;

   ✓ La flèche verte a disparu de l'icône du fichier ; si vous avez ajouté la colonne « Extrait pour » (« Checked Out To » dans l'interface en anglais), le nom de l'utilisateur a été retiré ;

   ✓ Si le système de version est actif, le numéro de version n'évolue pas.

Annuler l'extraction d'un autre utilisateur	Par défaut, en tant qu'administrateur de collection de sites ou propriétaire de site, vous pouvez annuler l'extraction d'un autre utilisateur.

Il va falloir choisir entre l'extraction obligatoire et l'extraction facultative qui ouvre alors le champ à la coédition ; ce choix va dépendre du scénario d'utilisation préféré des utilisateurs dans leurs différentes bibliothèques de travail collaboratives ou de publication :

- La coédition, pour travailler « en parallèle » sur le même document Office mais également les pages de site,

- Le « Check-Out/Check-In » pour travailler « en série » (je préfère définitivement ces libellés anglais aux libellés français « Extraire et Archiver »).

JE RECOMMANDE	LE MODE COÉDITION	LE MODE EXTRACTION OBLIGATOIRE
POUR GÉRER LES PAGES DE SITE	Non	Oui car le Check-Out permet d'obtenir une étape de prévisualisation pour l'auteur d'une modification d'une page : tant que le contributeur n'a pas réintroduit la page, elle n'est pas visible pour les lecteurs.

JE RECOMMANDE	LE MODE COÉDITION	LE MODE EXTRACTION OBLIGATOIRE
POUR GÉRER LES DOCUMENTS	Dans un espace collaboratif, pour simplifier l'adoption d'un public d'utilisateurs plus familiers avec les serveurs de fichiers bureautiques qu'avec des outils de G.E.D traditionnels	Dans un espace collaboratif pour un public d'utilisateurs familiers d'outils de G.E.D traditionnels et/ou dans un espace collaboratif aboutissant à une étape de publication, par exemple pour une bibliothèque de documents située dans la zone de Support de l'intranet, dans lequel on trouvera des espaces de publications documentaires (procédures Ressources humaines ou Qualité, publications de documents « officiels » relatifs à l'organisation où les documents sont directement préparés, sans passer par un espace de collaboration)

Même si vous choisissez le mode coédition, il vous faudra présenter aux utilisateurs la fonctionnalité facultative « Check-Out/Check-In » (extraction et réintroduction de documents), d'autant plus que l'extraction peut être décidée automatiquement par SharePoint, dès lors qu'un champ de propriété documentaire obligatoire est manquant (voir le passage du chapitre 4 concernant l'ajout de métadonnées), de manière à alerter l'utilisateur que des informations complémentaires sont requises pour que le document puisse être ajouté à la bibliothèque.

Paramétrer la politique de **gestion de version**

Définition et principes

Compte tenu de la prédominance de l'e-mail et du serveur de fichiers depuis plus de vingt ans, la fonctionnalité de gestion de version représente une forte attente pour des utilisateurs qui espèrent une opportunité de gagner en efficacité dans leurs organisations de travail bureautique.

Doublons et temps caché...	Pour prendre conscience des problématiques de multiplications rapides de doublons, de risque et de temps caché que ceux-ci génèrent, je vous propose de répondre à cette petite devinette qu'un employé de Microsoft a posé, un jour, en ma présence à ses clients.

« Un collaborateur envoie par e-mail un document pour relecture et validation à cinq collègues ; à la fin du processus :

- Combien de versions de document ?

- Combien d'e-mails échangés ? »

La réponse est 55 versions du même document, réparties sur les postes de travail, les répertoires des e-mails reçus et envoyés des différents comptes Outlook utilisés...

Fonctionnalité phare, SharePoint possède un système de gestion de versions à plusieurs options : pour activer et configurer le système de version dans une bibliothèque ou dans une liste, dans la page « Paramètres » de la bibliothèque ou de la liste, sous « Paramètres généraux », cliquer sur [Paramètres de contrôle de version] : comme pour l'extraction obligatoire, pour réaliser cette opération, il faut donc posséder l'autorisation de « gérer la liste » pour paramétrer l'APP.

Listes et contrôles de version	Le suivi des versions est disponible :
	<ul><li>Pour toutes les listes (calendriers, contacts, tâches, annonces),</li><li>Pour tous les types de fichiers pouvant être stockés dans une bibliothèque (documents, pages de site, wiki...).</li></ul> Néanmoins, notez que les listes sont limitées au seul mode « contrôle de version principal » présenté ci-après.

Paramétrer le système de version

PARAMÉTRER L'HISTORIQUE DE VERSIONS À CONSERVER

Dans la page « Paramètres de contrôle de version », dans la section « Contrôle de version », on découvre que le système de version comprend trois modes, à choisir en fonction des scénarios d'utilisation :

- Sans version : paramètre par défaut lorsque l'on créé une APP Bibliothèque sur une version SharePoint Server 2013 ;

- Principal : SharePoint crée automatiquement une nouvelle version à chaque opération d'enregistrement (1.0, 2.0, 3.0, etc.) et conserve l'historique des versions (Microsoft a porté par défaut la limite à 500 versions sur SharePoint Online d'Office 365 et 2016 Server) ;

- Principal et secondaire : ce système n'est disponible que pour les bibliothèques ; cette fois, SharePoint crée une version secondaire (1.1, 1.2, 1.3, etc.) à chaque opération d'enregistrement et la création d'une version principale est conditionnée à une opération supplémentaire de « publication d'une version majeure » de la part d'un utilisateur ; il est alors possible de :

  - ✓ Limiter le nombre de ces versions secondaires (brouillons) à conserver comme les versions majeures (publications),

  - ✓ Restreindre l'accès aux versions secondaires (brouillons) à certains types d'utilisateurs (tous sauf ceux possédant les droits de modification ou d'approbation).

Personnellement, les utilisateurs que je croise acceptent volontiers de porter la limite à plus de dix versions conservées d'autant plus lorsqu'ils comprennent le réel impact du système de version sur l'espace de stockage : en effet, depuis l'édition 2013 Server, SharePoint ne crée pas une copie à chaque version, SharePoint gérant des documents composites, faits de différents segments de document « versionnés ».

Tant que les versions 1.0, 2.0 et 3.0 du document sont conservées :

- Le fichier de la version 3.0 contient les différences avec la version 2.0 ;

- La version 2.0 contient les différences avec la version 1.0.

Cette façon de limiter le poids des fichiers est gérée par SharePoint de façon totalement imperceptible pour les utilisateurs, lesquels retrouvent leur historique de version au travers du menu contextuel [...] en regard du nom de fichier.

PARAMÉTRER LA SÉCURITÉ DES ÉLÉMENTS DE BROUILLON

Lorsque vous utilisez le système de contrôle de version principal et secondaire, vos documents sont considérés comme des brouillons tant qu'ils n'ont pas été « publiés » en tant que version principale.

Qui peut voir les éléments de brouillon dans : bibliothèque de documents ?
○ Tout utilisateur pouvant lire des éléments
○ Uniquement les utilisateurs pouvant modifier des éléments
◉ Uniquement les utilisateurs pouvant approuver des éléments (et l'auteur de l'élément)

Avec ce paramètre figurant dans la page « Paramètres de contrôle de version » sous la section « Historique des versions », il est possible de limiter la consultation des versions secondaires ou des éléments qui n'ont pas été approuvés (la fonctionnalité d'approbation est présentée ci-après) à deux types d'utilisateur disposant de l'autorisation de modifier, ou d'approuver tout en incluant également l'auteur du document bien entendu.

Personnellement, je suis pour rebaptiser le terme « Sécurité » par « Confidentialité des éléments de brouillon ».

Dans quel contexte proposer aux utilisateurs d'adopter tel ou tel paramètre ?

Les paramètres de gestion de version sont généralement à définir par espace de travail (liste ou bibliothèque), en fonction du scénario d'utilisation : la maturité des utilisateurs, le type d'information et surtout l'organisation de ce groupe de travail.

En tant qu'outil de productivité collective, SharePoint apporte des fonctionnalités supplémentaires par rapport à la suite logicielle Office mais ne remplace pas les fonctionnalités utiles pour effectuer le suivi des modifications de vos fichiers, généralement dans l'onglet « Révision » de vos logiciels Office (« Review » dans les versions EN).

Dans quel contexte proposer d'utiliser tel ou tel système, sans prendre le risque de compliquer inutilement la vie des utilisateurs ?

- On utilisera plutôt le système simple (principal) dans des scénarios de collaboration OU de publication, par exemple pour une bibliothèque d'équipe ou de références...

- ... tandis que l'on utilisera le système plus complexe (principal et secondaire) dans des scénarios mêlant la collaboration (création de brouillons) ET la publication (publication de document validé), par exemple pour une bibliothèque de documents située dans la zone de Support de l'intranet, dans lequel on trouvera des espaces de publications documentaires (procédures Ressources humaines, ou Qualité, publications de documents « officiels » relatifs à l'organisation où les documents sont directement préparés, sans passer par un espace de collaboration).

L'utilisateur peut ainsi utiliser la fonctionnalité « Historique de version » (dans l'interface en anglais : « Version History ») pour relire les versions de fichier conservées, suivre les modifications tracées dans SharePoint concernant les changements de propriétés de fichiers ou les données de listes.

Par contre, l'utilisateur ne retrouve pas dans la fonctionnalité « Historique de version » de SharePoint le suivi des modifications qui ont lieu à l'intérieur des fichiers : pour obtenir ces informations, l'utilisateur continuera à utiliser ou devra adopter les fonctionnalités de ses logiciels Office qui complètent ainsi les fonctionnalités collaboratives de SharePoint.

	COMMENTAIRES	COMPARER	SUIVI DES MODIFICATIONS
WORD	✓	✓	✓
EXCEL	✓		
POWERPOINT	✓	✓	✓
VISIO	✓		
ONENOTE	Uniquement protection de section par mot de passe		

Paramétrer la politique d'**approbation des documents**

Paramétrer la politique d'approbation consiste à mettre en place une étape de contrôle d'un fichier avant que le contenu ne soit « publié ». Lorsque l'on active la fonctionnalité d'approbation (il faut pour cela posséder l'autorisation de « gérer la liste » pour paramétrer l'APP), la colonne d'informations apparaît dans la liste de documents et permet ainsi de communiquer le statut de publication du document. Si vous avez laissé le contrôle de version activé à l'étape précédente, vous remarquerez que le numéro de version n'évolue qu'après une approbation positive.

Paramétrer puis utiliser l'approbation

1. Dans votre bibliothèque, cliquer sur [Bibliothèque] > [Paramètres de la bibliothèque].

2. Dans la page « Paramètres », sous « Paramètres généraux », cliquer sur [Paramètres de contrôle de version].

3. Dans la section « Approbation de contenu », sélectionner [Oui] en réponse à la question « Demander une approbation du contenu pour les éléments soumis ? »

4. Si le contrôle de version mineur est actif, dans la section « Sécurité des éléments de brouillon », déterminer quels sont les utilisateurs qui peuvent voir les éléments de brouillon dans la bibliothèque de documents. Dans cet exemple, l'option [Uniquement les utilisateurs pouvant approuver des éléments (et l'auteur de l'élément)] peut être sélectionnée.

5. Cliquer sur [OK].

Seuls les utilisateurs disposant du droit d'approbation peuvent utiliser la fonctionnalité d'approbation mais n'importe quel utilisateur disposant des droits de création ou de modification peut demander une approbation de document : je conseillerais la mise en place de la fonctionnalité dans un scénario mêlant la collaboration et la publication (contrôle de version principal et secondaire, avec confidentialité des éléments de brouillon uniquement) mais, comme indiqué plus haut, rien ne vous empêche d'utiliser l'approbation sans version ou avec le contrôle de version principal seul.

Avec l'activation de l'approbation, du contrôle de version principal et secondaire activé, de la fonctionnalité de sécurité des éléments de brouillon limitant la lecture aux seuls auteurs et approbateurs et l'extraction obligatoire, on possède là le scénario le plus « contraignant » pour les utilisateurs, et vous obtenez l'effet que seul le document réintroduit après une extraction, publié en version principale et approuvé soit finalement visible pour des utilisateurs en lecture et modification.

Cela peut apparaître comme un exercice de clics intensifs pour parvenir à publier un document (un sentiment de « j'ai mis des bretelles, une ceinture, un parachute et une petite hélice sur mon chapeau : il ne peut rien m'arriver » !) mais, si vous transposez ce paramétrage sur une bibliothèque de pages d'un site « Portail » que de nombreux visiteurs sillonnent en permanence, vous obtiendrez le gage de la mise en place d'étapes de contrôle et de validation avant qu'une modification ne soit publiée.

Quand on prend connaissance en l'état que l'approbateur n'est pas averti par SharePoint qu'un élément de bibliothèque est en attente, cela peut provoquer un jugement comme quoi cette fonctionnalité est, en l'état, non adoptable : est-ce que toutes les promesses que je vous ai faites concernant les actions de coordination et de synchronisation effectuées par SharePoint en lieu et place des utilisateurs butent sur la fonctionnalité d'approbation ?

Non si vous utilisez le flux de travail « Approbation » qui est un workflow inclus dans les éditions SharePoint Server et Online (les flux de travail existants dans SharePoint sont présentés dans le tome 2, dans le chapitre 7 qui vous présentera comment créer des workflows sans développement).

Définir une **alerte**

Définir une alerte sert à un utilisateur à se tenir informé dès lors qu'un changement se produit dans une APP.

Lorsque les conditions définies se trouvent remplies (le paragraphe suivant détaille les paramètres possibles), un e-mail part en direction des utilisateurs ciblés, permettant d'éviter ainsi l'écriture d'e-mails manuellement que les utilisateurs créaient par nécessité de coordination ou d'information au sein d'une d'équipe de travail.

Après avoir présenté comment créer une alerte, nous décrirons dans quel contexte proposer aux utilisateurs d'adopter tel ou tel paramètre.

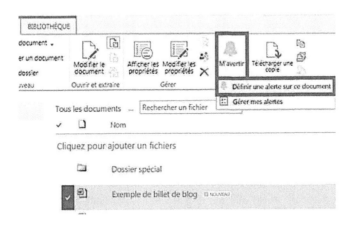

CRÉER UNE ALERTE

1. Pour ouvrir le formulaire de paramétrage d'une alerte, il faut soit se positionner au niveau de la liste/bibliothèque soit se positionner au niveau de l'élément.

POUR DÉFINIR UNE ALERTE SUR L'ENSEMBLE DE LA BIBLIOTHÈQUE OU LISTE	POUR DÉFINIR UNE ALERTE SUR UN DOCUMENT (UN RÉPERTOIRE OU UN ÉLÉMENT DE LISTE
Cliquer sur [Bibliothèque ou Liste] puis, dans le ruban d'édition de l'APP (classique ou nouvelle expérience), cliquer sur [M'avertir] > [Définir une alerte pour cette liste/bibliothèque]	Sélectionner le document ou l'élément de liste, puis, dans le ruban d'édition de l'APP (classique ou nouvelle expérience), cliquer sur [Élément / Bibliothèque] > [M'avertir] > [Définir une alerte sur ce document] ou cliquer sur [Éléments] > [M'avertir] > [Définir une alerte]

2. Choisir les options de déclenchement souhaitées pour l'alerte :

✓   Pour tout ajout dans l'APP,

✓   Pour toute suppression dans l'APP,

✓   Pour toute modification dans l'ensemble de l'APP ou sur un élément précis,

✓   Pour toute modification dans l'ensemble de l'APP ou sur un élément précis réalisée par un autre utilisateur que « soi » (l'utilisateur qui édite l'alerte, appelé ci-après « l'utilisateur actif »),

✓   Pour toute modification réalisée par un autre utilisateur que « l'utilisateur actif », dans l'ensemble de l'APP ou sur un élément précis créé par « l'utilisateur actif »,

✓ Pour toute modification, réalisée par un autre utilisateur que « l'utilisateur actif », dans l'ensemble de l'APP ou sur un élément précis que « l'utilisateur actif » a modifié en dernier,

✓ Il existe une dernière possibilité mais je préfère vous l'exposer au chapitre suivant[11].

3. Enfin, définir la fréquence d'envoi de l'alerte, pour le cas échéant, éviter de créer du « Spam » inutile en regroupant les envois d'e-mails : immédiat, quotidien (heure à définir) ou hebdomadaire (date et heure à définir) en fonction des « enjeux ».

MODIFIER ET SUPPRIMER LES ALERTES

Un utilisateur peut :

▪ Supprimer les alertes qu'il a créées, lorsqu'il a le droit de créer des alertes,

▪ Supprimer une alerte qu'un autre utilisateur a créée pour lui.

Dans l'édition 2010, un raccourci présentait toutes les alertes dont l'utilisateur actif était le destinataire dans la partie droite du ruban avec les informations de profil utilisateur. Depuis la version 2013, l'utilisateur trouve, dans le ruban d'édition classique, dans le bouton de fonction « M'avertir », une proposition d'accéder à une page permettant de gérer ses alertes.

---

[11] Si vous ne pouvez pas patienter et vous souhaitez vous reporter directement à la bonne page, faites un saut au paragraphe relatif aux affichages au chapitre 4

L'administrateur de collections de site et le propriétaire peuvent modifier et supprimer des alertes créées par des utilisateurs, depuis la page de paramètres de site.

Les modifications restent limitées car on ne peut pas suspendre une alerte ou en modifier la liste des destinataires : il faut alors supprimer et créer une nouvelle alerte depuis l'APP.

POUR MODIFIER	POUR SUPPRIMER
1. Cliquer sur le nom de l'alerte à modifier.	1. Activer la case à cocher en regard de l'alerte ou des alertes à supprimer.
2. Dans la page « Modifier l'alerte », modifier les paramètres de notifications souhaités.	2. Cliquer sur [Supprimer les alertes sélectionnées].
3. Cliquer sur [OK].	3. Lorsque vous êtes invité à confirmer la suppression, cliquer sur [OK].

Dans quel contexte proposer aux utilisateurs d'adopter tel ou tel paramètre ?

Qui a le droit de créer une alerte ? Par défaut, le gestionnaire de l'APP en possède les droits (créer une alerte, modifier dans une certaine mesure et supprimer) mais il peut également laisser les utilisateurs créer eux-mêmes leurs alertes, comme l'indique la présence des boutons de fonction « M'avertir » dans les onglets d'utilisation des rubans (paramètres d'autorisations utilisateurs, chapitre 10 du tome 2).

La réponse à cette question va dépendre de l'usage de cette APP :

- Si cette APP est de nature collaborative, on peut certainement laisser les utilisateurs gérer leur(s) alerte(s) en toute autonomie ;

- Par contre, dès lors que l'APP a une fonction dans l'intranet de type Support ou News, les contributeurs habilités qui ont autorité pour publier peuvent tout à fait avoir besoin de notifier pour autrui des alertes sur l'ajout, la modification ou la suppression de documents pour un grand nombre d'utilisateurs.

Concernant la fréquence d'envoi des notifications d'une alerte (immédiate, quotidienne, hebdomadaire), le choix que vous ferez dépendra d'un juste équilibre à trouver entre deux facteurs :

- Le délai entre l'action qui déclenche la notification et l'envoi effectif de la notification,

- Le nombre de notifications que l'utilisateur est susceptible de recevoir sur base de cette alerte,

- Le nombre d'alertes dont l'utilisateur est potentiellement le destinataire.

LES ÉTAPES DU CYCLE DE VIE DES INFORMATIONS APRÈS LA COLLABORATION

Grâce aux fonctionnalités vues dans la section précédente, SharePoint permet d'assister les utilisateurs dans l'organisation de leur travail collaboratif.

SharePoint permet également de gérer les étapes ultérieures du cycle de vie des documents, qui va de la diffusion à la suppression, en passant par de possibles stades d'archivage.

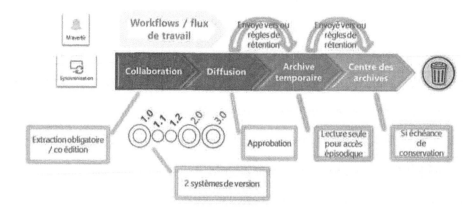

La publication

Les étapes collaboratives se sont achevées ; le document est terminé et sa vocation est d'être diffusé ou publié par voie physique ou dématérialisé :

- Si le document doit être dématérialisé, le document fait l'objet généralement d'une impression et SharePoint pourra constituer le parfait assistant pour recueillir un nouveau champ de propriété documentaire servant à collecter et conserver la date d'envoi du document (nous détaillons l'ajout de « colonne SharePoint » au chapitre 4 dédié à l'ajout de métadonnées) ;

- Si le document doit être transmis au format électronique, plusieurs possibilités s'offrent à notre collaborateur pour le transmettre à son destinataire :

  ✓ Si le destinataire du document n'est pas un utilisateur de la solution SharePoint, notre collaborateur devra exporter le document de SharePoint en utilisant les différentes manières qui s'offrent à lui en utilisant l'intégration naturelle entre SharePoint et Outlook ou en déposant le fichier sur un serveur ftp:// par l'explorateur Windows (vues au chapitre 2) ; dans ce cas également, l'utilisateur pourrait avoir besoin de tracer dans SharePoint la date de la publication de ce document ;

  ✓ Si le destinataire est également un utilisateur de la solution SharePoint (« public interne » accédant à l'intranet) ou externe (« public externe » accédant à un extranet collaboratif), notre collaborateur pourra utiliser la simple fonctionnalité de déplacement ou de copie de document *via* l'explorateur Windows de manière à déplacer le document d'une bibliothèque de documents vers une autre bibliothèque de documents SharePoint, vue au chapitre 2 ; ce que l'on sait moins, c'est qu'il existe, sur l'onglet « Fichiers » du ruban classique de la bibliothèque de documents, le bouton de fonction « Envoyer vers » qui permet d'envoyer le document vers une autre bibliothèque de documents de notre collection de site ou dans une autre collection de sites.

Paramétrer puis utiliser la fonctionnalité « Envoyer vers »

En déployant SharePoint avec peu de paramétrage, la fonctionnalité « Envoyer vers » propose trois scénarios possibles qui peuvent convenir, sans devoir passer par la création d'un workflow spécifique ; deux des trois scénarios sont possibles après le paramétrage par un utilisateur disposant des permissions de conception d'APP, le dernier scénario nécessitant une opération de configuration sur la console d'administration centrale d'Office 365 ou du serveur.

Pour envoyer un document	L'opération de configuration s'effectue comme suit
Dans un autre emplacement dans une autre collection de sites	Sur la console d'administration centrale d'Office 365 ou du serveur, pour déplacer le document ou le copier (avec ou sans liaison)
Dans un autre emplacement dans la même collection de sites	Pour uniquement copier le document vers une bibliothèque-cible (avec ou sans liaison) : dans « Paramètres de liste/bibliothèque », cliquer sur [Paramètres avancés] pour créer une connexion vers une bibliothèque d'un site de la même collection
Dans un nouveau sous-site créé à l'occasion, appelé « Espace de travail de document » (URL : SP-Template)	Pas de paramétrage : l'utilisateur clique dans l'onglet « Bibliothèque » sur le bouton de fonction [Envoyer vers] et choisit [Espace de travail de document] ; comme son nom le laisse supposer, ce modèle de site est un modèle collaboratif et ne correspond ni à un espace de publication ou d'archive (sans développement, il n'est pas possible d'indiquer un autre modèle de site que le modèle de site « Espace de travail » qui ne figurait pas dans notre liste de modèle de site standard : en plus de la bibliothèque de documents, ce modèle de site contient une liste d'annonces, un calendrier, une liste de liens et un fil de discussions)

La fonctionnalité « Envoyer » va vous permettre d'envoyer des documents depuis des bibliothèques de documents vers d'autres bibliothèques de documents : cela peut vous permettre de déplacer des documents entre sites de collaboration, depuis un site de collaboration vers un espace de publication ou d'archives...

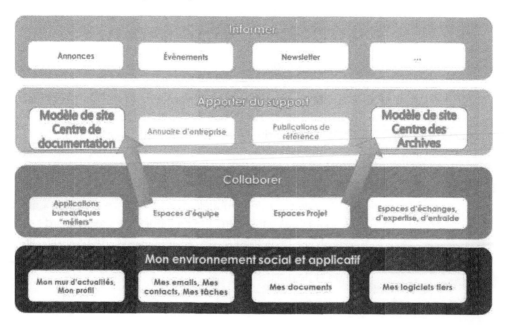

Comme vous le savez maintenant, SharePoint ne permet d'effectuer une copie du fichier que lorsqu'il s'agit d'envoyer vers une autre collection de sites : si ces configurations qui s'offrent à vous en standard ne vous conviennent pas, il vous faudra alors vous en remettre à l'élaboration d'un flux de travail, auquel vous pourrez adjoindre une approbation systématique avant envoi, par exemple.

La mise en **archives**

Définition et principe

La conservation de documents SharePoint peut s'appuyer sur les fonctionnalités d'archivage appelées « mise en enregistrement », selon les règles du système anglo-saxon du Records Management. Nous allons voir dans cette section que la mise en enregistrement (« écrire dans un registre ») est une fonctionnalité standard de SharePoint relativement simple à appréhender pour l'utilisateur dans son interface utilisateur.

PARAMÉTRER ET UTILISER LA FONCTIONNALITÉ DE MISE EN ARCHIVES

ACTIVER LA FONCTIONNALITÉ AU NIVEAU DE LA COLLECTION DE SITES

Avant d'utiliser la fonctionnalité de mise en archive temporaire, il est nécessaire d'activer la fonctionnalité au niveau de la collection de sites :

1. Cliquer sur [Paramètres du site].

2. Sous « Administration de la collection de sites », cliquer sur [Fonctionnalités de la collection de sites].

3. Activer la fonctionnalité « Gestion des enregistrements sur place ».

4. Déployer la fonctionnalité au niveau de la collection de sites.

    a. Cliquer, dans « Paramètres de site », sous « Fonctionnalités de la collection de sites », sur [Paramètres de déclaration d'enregistrement].

b. Définir si la mise en archive bloque, en plus de la suppression, également la modification.

c. Définir si la fonctionnalité est disponible pour être déployée dans chaque bibliothèque et liste par défaut.

d. Clarifier quel type d'utilisateur possède le droit de :

- Mettre un document en archive temporaire

- Retirer un document en archive temporaire

Autorisations	Définir les rôles liés à la mise en archives :
	■ Ils ne se gèrent pas directement au niveau des autorisations et des groupes ;
	■ Ils se déterminent sur « Administration de la collection de sites » : « Paramètres de déclaration d'enregistrement » ; sur cette page, le rôle est alors dévolu à « l'administrateur de la liste », i.e. l'utilisateur possédant l'autorisation individuelle « Gérer les listes - Créer et supprimer des listes, ajouter des colonnes à une liste ou en supprimer, et ajouter des affichages publics d'une liste ou en supprimer ».

PARAMÉTRER LA FONCTIONNALITÉ AU NIVEAU D'UNE BIBLIOTHÈQUE DE DOCUMENTS

Pour activer l'archivage au niveau de la bibliothèque, dans les paramètres de la bibliothèque, se rendre sur la page « Paramètres de déclaration des enregistrements » pour déterminer les paramètres autorisés. Vous avez le choix entre :

- Utiliser le paramètre par défaut sélectionné au niveau de l'administration de la collection de sites,
- Autoriser la mise en archives manuellement (au travers du libellé « Toujours autoriser la déclaration manuelle des enregistrements »),
- Ne pas autoriser la mise en archives manuellement (au travers du libellé « Ne jamais autoriser la déclaration manuelle des enregistrements »),
- Mettre en place la mise en archives automatique (au travers du libellé « Déclarer automatiquement les éléments comme enregistrement lorsqu'ils sont ajoutés à cette liste »).

○ Utiliser le paramètre par défaut de la collection de sites :
   Ne pas autoriser la déclaration manuelle des enregistrements
◉ Toujours autoriser la déclaration manuelle des enregistrements
○ Ne jamais autoriser la déclaration manuelle des enregistrements

☐ Déclarer automatiquement les éléments comme enregistrements lorsqu'ils sont ajoutés à cette liste.

METTRE UN DOCUMENT EN ENREGISTREMENT

- Pour mettre un document en enregistrement, sélectionner le document et cliquer dans le ruban classique de SharePoint sur le bouton [Déclarer un enregistrement]

  Déclarer un enregistrement

- Pour annuler la déclaration d'un enregistrement, sélectionner le document et cliquer sur [Détails de la conformité]

Après l'étape de publication des documents, certains documents vont faire l'objet d'un traitement permettant de les protéger de la modification et de la suppression :

- Un document présent pour une durée court terme dans un dossier collaboratif donné mais qui ne doit pas être modifié, pouvant remplacer ainsi la conversion de fichier PDF que Word 2013 permet de contourner ;

- Un document « engageant » pour l'organisation faisant l'objet de règles internes ou d'une obligation réglementaire de conservation moyen ou long terme.

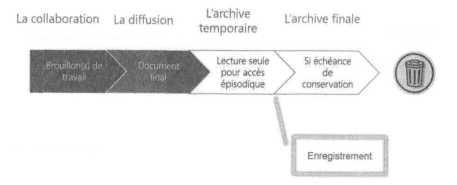

LA MISE EN ARCHIVE COURT TERME

La fonctionnalité de mise en archive permet de mettre un document en lecture seule, dans une bibliothèque de documents dans laquelle :

- Le document ne doit plus évoluer ;
- Le document doit rester consultable dans la bibliothèque de travail pour des accès périodiques.

Le document sera par la suite « déclassé » pour mise en archives finale ou… supprimé directement.

Par conséquent, la fonctionnalité de mise en enregistrement n'est pas exclusivement dédiée à un besoin d'archiver un document mais un besoin de le protéger des modifications : cette fonctionnalité est souvent déployée dans des espaces de collaboration pour que l'utilisateur puisse ainsi mettre en enregistrement un document à travers une opération manuelle *via* le ruban d'édition.

LA MISE EN ARCHIVE MOYEN LONG TERME

SharePoint propose parmi ses modèles de site standardisés, le site « Centre des enregistrement », compatible avec la norme qualité ISO 15489 encadrant l'archivage numérique moyen et long terme :

- Ce modèle peut être déployé sous la forme d'une collection de sites pré-paramétrée (réglages particuliers pour accepter les fortes volumétries, gestion par type de document, mises en enregistrement automatiques, contrôle de version, routage) avec un site comprenant :
  - ✓ Une bibliothèque de remise (qui constituera la bibliothèque cible de l'envoi du

document ; il vous faudra absolument valider l'archivage en appliquant un ou plusieurs tags par type de document avant l'envoi dans la bibliothèque d'archivage ; dans le cas contraire, le document restera dans cette une zone d'attente temporaire qui n'est pas visible par le moteur de recherche) ;

✓ Une bibliothèque d'archivage, dans laquelle les documents sont classés avec les tags décidés depuis la bibliothèque de remise et archivés pour une période déterminée.

▪ Ce modèle de site implique la génération d'un référentiel de conservation pour l'organisation, déployé suivant un paramétrage « sur-mesure » par type de document, en suivant des règles établies sur des dates (durée de rétention et sort final car dans la grande majorité des cas en entreprise, le Obligation de conservation sort final des documents correspond à leur destruction). ET de destruction

Production   Document   Accès   Si échéance de
de brouillon(s) final publié   épisodique   conservation

| Documents | Archives courantes | Archives interméd. | Archives déf. |

Malheureusement, les paramètres de conservation électronique de SharePoint ne peuvent prétendre donner aux éléments « enregistrés » la valeur juridique de « preuve » devant les juridictions civiles dérivées du Code Napoléon (i.e. en France, en Belgique ou au Luxembourg par exemple) : comme SharePoint possède un cadre de connexion, il vous est possible de créer une intégration à des solutions de coffre-fort numérique à valeur probante.

Pour aller plus loin : mettre en place des **règles de traitement automatisées**

L'adoption de SharePoint enrichit la culture de la gestion de fichiers de votre organisation : corbeille, version de brouillon et version de publication, mise en enregistrement temporaire, envoi en archive définitive... SharePoint structure ainsi les flux documentaires de votre organisation. Considérez que ces étapes de traitement apportent la preuve que les serveurs de fichiers souffraient d'être considérés comme des espaces fourre-tout, des silos dans lesquels étaient stockés pêle-mêle les documents collaboratifs, les documents de références, les archives.

Autant de nouveaux concepts à s'approprier pour structurer ses documents et sa solution SharePoint. Or, toutes ces étapes de traitement décomposées peuvent donner l'impression de créer des tâches supplémentaires, dans un environnement de travail dans lequel les collaborateurs ne semblent pas forcément disponibles pour structurer davantage leur organisation de travail...

SharePoint porte à travers une de ses fonctionnalités une bonne nouvelle : si vous le souhaitez, vous pouvez vous appuyer sur des règles basées sur des dates pour demander à SharePoint de réaliser ces tâches de façon automatique, sans devoir faire porter la responsabilité de réaliser ces tâches à vos collaborateurs.

Ces règles s'appellent les stratégies de rétention automatisée.

Paramétrer l'APP pour une stratégie de rétention automatisée

Pour paramétrer la stratégie de rétention automatisée d'une APP :

1. Dans les paramètres de la bibliothèque (ou de liste), cliquer sur [Paramètres de la stratégie de gestion des informations].

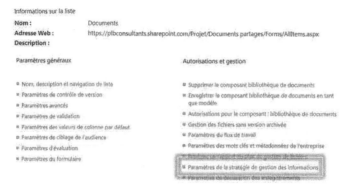

2. Choisir le type de document sur lequel vous souhaitez créer une règle de traitement documentaire automatisée.

3. Sur la page de paramétrage, activer la fonctionnalité de rétention.

4. Cliquer sur le lien [Ajouter une étape de rétention...] ; un pop-up de paramétrage s'ouvre.

5. Les options de traitement documentaire possibles sont les suivantes ; vous noterez dans le tableau ci-dessous que les règles de rétention fonctionnent sur tout type de champ « Date » existant dans votre SharePoint (création, dernière modification, mise en enregistrement) mais également fonctionnent sur tout autre champ de type « Date » ajouté par vos soins.

Condition Action	Date de création + (j/m/a)	Date de dernière modification + (j/m/a)	Date de mise en enregistrement + (j/m/a)	+ Tout autre champ [date] ajouté par vos soins
Mise en corbeille	✓	✓	✓	✓
Supprimer définitivement	✓	✓	✓	✓
Supprimer les brouillons	✓	✓	✓	✓
Supprimer les versions précédentes	✓	✓	✓	✓
Mise en enregistrement	✓	✓		✓
Transfert vers un autre emplacement	✓	✓	✓	✓
Démarrer un flux de travail	✓	✓	✓	✓
Passer étape suivante	✓	✓	✓	✓

La stratégie de sites

Nous venons de voir la gestion du cycle de vie des éléments des APPs de type bibliothèques ou autres listes : sachez qu'il existe un mécanisme pour gérer le cycle de vie des sites, depuis l'édition SharePoint Server 2013.

Ce mécanisme ne doit pas être considéré comme pouvant remplacer la gestion du cycle de vie des éléments de bibliothèque et autres listes ; il s'applique au site (deux sorts finaux : suppression ou fermeture et suppression) et non à son contenu (ne remplace pas les règles de rétention vues précédemment).

Créer une stratégie de sites consiste à :

1. Créer une stratégie d'expiration et de clôture du site au niveau de la collection de sites.

2. Appliquer une stratégie au niveau d'un site.

| À activer | La fonctionnalité « Stratégie de site » doit être préalablement déployée par activation par l'administrateur de collection de sites (« Paramètres de site » – « Fonctionnalités de collection de sites »). |

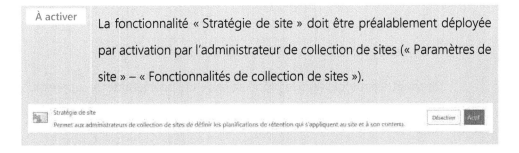

Stratégie de site
Permet aux administrateurs de collection de sites de définir les planifications de rétention qui s'appliquent au site et à son contenu.   Désactiver Actif

CRÉER UNE STRATÉGIE D'EXPIRATION ET DE CLÔTURE DU SITE AU NIVEAU DE LA COLLECTION DE SITES

1. Dans « Paramètres de site », sous « Administration de la collection de sites », cliquer sur [Stratégies de site].

2. Dans la page de présentation des stratégies créées, cliquer sur [Créer une stratégie].

3. Définir un nom, une description.

4. Choisir si la stratégie va supprimer le site (supprimer les autorisations car le site va être mis en lecture seule) ou va, préalablement à la suppression, autoriser une phase dite de fermeture (bandeau d'information expliquant que le site est fermé mais que les autorisations sont encore d'application).

5. Indiquer les dates de suppression par rapport à la date de création (et de fermeture, le cas échéant).

6. Le cas échéant, indiquer à quel moment et à quelle fréquence de rappel sont envoyées des notifications d'informations au propriétaire de site.

7. Le cas échéant, indiquer si le propriétaire de site peut reporter la suppression du site et de combien de temps.

APPLIQUER UNE STRATÉGIE AU NIVEAU D'UN SITE

Pour appliquer une stratégie au niveau d'un site (et de sa boîte aux lettres associée, le cas échéant) :

1. Dans « Paramètres de site », sous « Administration du site », cliquer sur [Fermeture et suppression du site].

2. Choisir la stratégie de site parmi les stratégies disponibles au niveau de la collection de sites et cliquer sur [OK].

Après avoir activé la stratégie de site sur ce site, il est possible de :

- Fermer le site immédiatement par anticipation par rapport à la stratégie ;

- Reporter d'une unité le délai prévu à cet effet ;

- Renoncer à la stratégie de site ou changer de stratégie de site.

PRÉSENTATION DES NOUVEAUX MODÈLES DE SITE SHAREPOINT ONLINE ET 2016 SERVER

Il existe de nouvelles fonctionnalités de gestion de cycle de vie que l'on peut appliquer aux documents par collection de sites ; ces fonctionnalités sont applicables depuis deux collections de site spécialisées, à partir desquelles on édite et on gère l'application de règles de protection ou de suppression basées sur des critères de date de création ou de dernière modification de document.

Ces règles sont la déclinaison SharePoint de règles que vous utilisez peut-être pour la gestion de vos e-mails avec Exchange (stratégie de protection contre la perte de données).

PARAMÉTRER LES SITES

- Paramétrer ces types de site consiste à :

- Éventuellement, attribuer des droits de paramétrage à certains utilisateurs ;

- Créer une stratégie de suppression ou de conservation de document ;

- Affecter une stratégie à un modèle de collection de site ou une collection de site donnée et, éventuellement, arbitrer l'ordre des priorités entre plusieurs stratégies ;

- Supprimer une stratégie de suppression ou de conservation de document.

Dans les paragraphes suivants :

- Je détaille les modes opératoires assez simples à suivre ;

- Enfin, je vous donne mon avis sur l'adoption de ces nouvelles fonctionnalités.

Le site « Centre de conformité (Compliance Policy Center) »

Le site « Centre de conformité (Compliance Policy Center) » permet de gérer des stratégies pour supprimer des documents après une période déterminée ; cet espace de création de règle permet de créer des stratégies personnalisées qui peuvent ensuite être affectées à des modèles de collection de sites ou à des collections de sites particulières. Vous pouvez configurer des stratégies pour informer les utilisateurs finaux lorsqu'ils partagent du contenu sensible. Cet espace permet de mettre en place des règles que l'on applique ensuite à des modèles de collection de sites ou une collection de site donnée...

→ Pour créer une stratégie de suppression de document :

1. Dans le centre de stratégie de conformité > dans le volet de navigation gauche, cliquer sur [Règles de suppression].

2. Cliquer sur [Nouvel élément].

3. Saisir le nom de la stratégie et éventuellement une description. Les propriétaires de site pourront alors sélectionner la stratégie pour un site sur base du nom et de la description.

4. Pour créer une règle, cliquer sur [Nouveau].

5. Saisir le nom et choisir les options suivantes :

   ✓ Choisir si la règle est de supprimer définitivement les documents ou de les envoyer vers la Corbeille ;

   ✓ Choisissez si la date de suppression est calculée à partir de la date de création ou de dernière modification ;

   ✓ Définir un nombre de jours, mois ou années en tant que période de temps avant que les documents soient supprimés ;

   ✓   Choisir si la règle est une règle par défaut. La première règle que vous créez est automatiquement définie comme la règle par défaut. Une règle par défaut est automatiquement appliquée à toutes les bibliothèques dans les sites qui utilisent la stratégie.

6.   Cliquer sur [Enregistrer].

7.   Créer des règles supplémentaires si vous souhaitez que les propriétaires de site soient en mesure de choisir entre différentes règles pour les appliquer à leur site. Seule la règle par défaut, est appliquée si le propriétaire du site n'applique aucune autre règle.

8.   Pour supprimer une règle d'une stratégie, sélectionner la règle > [Supprimer].

➔ Attribuer la stratégie de suppression de document à un modèle de collection de site ou à une collection de sites donnée :

Notez que la période spécifiée pour une stratégie de suppression s'applique à partir de la date de création ou de dernière modification du document et non à partir de la durée écoulée depuis la création de la stratégie :

- lorsque vous affectez la stratégie pour la première fois, la stratégie ne s'appliquera pas uniquement aux nouveaux documents mais s'appliquera bel et bien à tous les documents dans le site ;

- si des documents préexistants à la règle répondent aux critères, ils seront supprimés.

⇨ Pour attribuer la stratégie de suppression à un modèle de collections de site :

1. Dans le « centre de stratégie de conformité » > dans la navigation à gauche, sélectionnez [Les affectations de stratégie pour les modèles].

2. Cliquer sur [Nouvel élément].

3. Sélectionner [Affecter à un modèle de Collection de sites], puis choisir le modèle de collection de sites visé ; notez que l'on peut appliquer une stratégie pour le modèle OneDrive d'entreprise (un jeu de règles prêt à l'emploi est d'ailleurs proposé pour le My Site). Dès lors que vous affectez une stratégie à un modèle de collection de sites, la stratégie s'applique à toutes les collections de sites existantes créées à partir de ce modèle mais également à toutes les collections de sites à venir créer à partir de ce modèle.

4. Cliquer sur [Enregistrer].

5. Cliquer sur [Gérer les stratégies affectées], sélectionner les stratégies que vous voulez affecter, puis indiquer si une stratégie est la stratégie par défaut (lorsqu'une stratégie par défaut est sélectionnée, tous les sites cibles bénéficient automatiquement de la stratégie active).

6. Cliquer sur [Enregistrer].

7. Si vous voulez appliquer la stratégie à tous les sites sans autoriser les propriétaires de sites à désactiver cette fonctionnalité, sélectionner la stratégie comme obligatoire. Lorsque vous effectuez une stratégie obligatoire, seule cette stratégie unique peut être affectée pour le modèle de collection de sites. La stratégie doit également être marquée comme valeur par défaut (si cette option est grisée, choisir [Gérer les stratégies affectées] et vérifier qu'au moins une stratégie est affectée et définir par défaut).

8. Cliquer sur [Enregistrer].

⇨ Pour attribuer la stratégie de suppression à une collection de sites donnée :

Le fonctionnement de la fonctionnalité ne diffère pas : dès lors qu'une stratégie est d'application, elle s'appliquera à tous les documents existants, ainsi qu'aux nouveaux documents créés.

1. Dans le « centre de stratégie de conformité » > dans la navigation à gauche, sélectionner [Les attributions de stratégies de Collections de sites].

2. Cliquer sur [Nouvel élément].

3. Choisir une collection de sites > recherche pour la collection de sites par nom ou URL > sélectionner la collection de sites > [Enregistrer].

4. Cliquer sur [Gérer les stratégies affectées], sélectionner les stratégies que vous voulez affecter, puis indiquer si une stratégie est la stratégie par défaut. Lorsque vous définissez une stratégie par défaut, tous les sites attribués à la stratégie automatiquement disposent de la stratégie active, aucune action requise par le propriétaire de site.

5. Cliquer sur [Enregistrer].

6. Si vous voulez appliquer la stratégie à tous les sites sans autoriser les propriétaires de sites à désactiver cette fonctionnalité, sélectionner [La stratégie de marque] comme obligatoire. Lorsque vous effectuez une stratégie obligatoire, seule la stratégie unique peut être affectée pour le modèle de collection de sites. La stratégie doit également être marquée comme valeur par défaut.

Si cette option est grisée, choisir [Gérer les stratégies affectées] et vérifier qu'au moins une stratégie est affectée et définir par défaut.

7. Sélectionner [Save] (Enregistrer).

→ Supprimer une affectation de stratégie de suppression :

Lorsque vous supprimez une affectation, les stratégies affectées ne s'appliquent plus à tous les sites inclus dans la collection de sites ou créés à partir du modèle de collection de sites.

1. Dans le « centre de stratégie de conformité » > dans le volet de navigation gauche, cliquer sur [Affectations de stratégie pour les modèles] ou [Les attributions de stratégies de Collections de sites].

2. Sélectionner l'élément d'affectation > [...] > [Supprimer l'élément].

Le site « Centre de conservation inaltérable » (In-place Hold Policy Center)

Le site « Centre de conservation inaltérable » (In-place Hold Policy Center) remplacera le site « Découverte électronique » (E-discovery) le 1er juillet 2017 ; ce site permettra de gérer des stratégies qui visent à conserver les éléments dans des sites SharePoint pour une période de temps déterminée (par rapport à une date de création ou de modification de l'élément). Lorsque plusieurs stratégies s'appliquent, le document est conservé pour la période la plus longue. Vous pouvez coupler ces stratégies avec le « Compliance Policy Center », le nouveau modèle de site présenté ci-avant.

Sur la page d'accueil du site, vous pourrez créer et gérer des stratégies ; pour créer une stratégie, il vous faudra :

1. Cliquer sur [Nouvel élément].

2. Saisir le nom de la stratégie de conservation.

3. Saisir les URL des sites sur lesquelles vous souhaitez appliquer votre stratégie de conservation, sachant que les sous-sites sont alors inclus.

4. Sous le titre « Filtrer », il vous sera possible de spécifier quels documents vous souhaitez conserver sur base de la définition de mots-clés, plus précisément d'une requête KQL ; ces requêtes sont présentées au chapitre 5, dédié au moteur de recherche SharePoint.

5. Sous le titre « Intervalle de temps », vous devrez définir la période de conservation que vous souhaitez en unité de jours, mois ou années mais vous pourrez également désactiver la stratégie de conservation.

DANS QUEL CONTEXTE ADOPTER CES NOUVEAUX MODÈLES DE SITE ?

Avec le nouveau site « Centre de conformité », il n'est pas possible de créer une stratégie autrement que sur des dates ; ce qui me manque (actuellement, début 2016) pour trouver une application intéressante au regard de la gouvernance, c'est de pouvoir définir sur quel type de document je souhaiterais appliquer une quelconque règle de suppression. Je n'ai pas la possibilité d'ajouter à ma règle basée sur une date de création ou de modification un filtre (une requête KQL) comme cela sera le cas en juillet 2017 avec le futur modèle de site « Centre de conservation inaltérable ».

Vous avez bien noté que les règles pourront malgré tout se combiner entre les deux modèles de site : vous pourrez donc mettre des règles de suppression basées uniquement sur des dates et des règles de conservation avec des dates et des requêtes de filtrage. En l'état en ce début d'année 2016, sans le modèle de site « Centre de conservation inaltérable », les fonctionnalités du site « Centre de conformité » me paraissent juste applicables pour... nettoyer les fichiers enregistrés sur les OneDrive personnels, c'est pour dire... Le « Centre de conservation inaltérable » me semble pour le coup promis à un bel avenir car, avec ses requêtes KQL, il remplacera le site de découverte électronique et sera le site « garde-fou », de limitation des stratégies de suppression du site « Centre de conformité ».

Beaucoup de nouveautés vont arriver dans les prochains mois pour les utilisateurs de SharePoint Online : https://protection.office.com/ va leur permettre de gérer leur politique de gestion des données, en intégrant les dispositions du nouveau GDPR (règlement européen sur les données personnelles).

4 | Je me suis contenté de reproduire les répertoires de mon serveur de fichiers dans mon SharePoint

UTILISER LES MÉTADONNÉES DE SHAREPOINT POUR NE PLUS UTILISER LE CLASSEMENT DES DOCUMENTS PAR DOSSIER

Vous l'avez peut-être déjà entendu : reproduire la structure de mes répertoires de fichiers de mon serveur sur mon SharePoint ne correspondrait pas à un scénario de productivité SharePoint. Pourtant, cela est le cas lorsque je découvre un SharePoint déjà déployé.

Objectivement, le serveur de fichiers fait généralement l'objet de critiques concernant son organisation et la gestion des fichiers qui en découlent mais depuis le début de la collaboration bureautique en organisation, les utilisateurs n'avaient généralement pas de solution alternative : beaucoup de documents, rangés dans des répertoires possédant des conventions de nommage non gérées, le risque du moindre doute pouvant planer sur la possible obsolescence de documents du fait de leur date de création ou, a contrario, de leur récente modification.

Si vous veniez à n'utiliser SharePoint qu'en tant que serveur de partage de fichiers avec sa structure initiale en répertoires, vous n'utiliseriez qu'une maigre partie de ses fonctionnalités pour ce qui concerne l'organisation de vos informations et les capacités du moteur de recherche.

Si vous avez pris le soin de vous plonger dans le chapitre 3, vous partagez avec moi la même vision dynamique de la gestion documentaire : sur votre ancien serveur de fichiers, il y avait probablement des documents qui n'avaient plus leur place dans l'espace collaboratif mais qui auraient davantage leur place, dans une zone de publication de référence, d'archive ou la corbeille...

Or le phénomène de l'infobésité est courant dans les organisations pour différentes raisons, dont la principale est que l'on considère justement les serveurs de fichiers comme des espaces de stockages et non en tant qu'aires de travail collaboratif, espaces de documentation de références, archive.

Ensuite, sur leur espace personnel sur le serveur ou sur le disque dur de leur ordinateur, les utilisateurs vont avoir tendance à conserver des informations pour les raisons suivantes :

- Nous conservons de l'information au cas où... sachant que l'information peut même parfois être utilisée comme monnaie d'échange...

- Nous recherchons l'information « accompagnante », qui confirme l'information que nous avons trouvée...

- Certains d'entre nous vont collectionner de l'information pour démontrer leur engagement envers la compétence... Traduisez, des informations d'auto-formation ou des référentiels ;

- Mais surtout, nous ne retrouvons pas toujours ce que l'on recherche au moment où nous en avons besoin dans le Système d'information.

L'infobésité est une conséquence néfaste pour le Système d'information compte tenu du temps passé à retrouver l'information fiable. Les métadonnées vont apporter une réponse pour permettre non seulement aux utilisateurs de retrouver sans délai l'information documentaire fiable, la réponse de qualité recherchée mais surtout en ajoutant des règles de traitement basées sur ces métadonnées.

SharePoint a la réputation d'être un outil structurant pour les organisations qui l'adoptent car SharePoint permet d'organiser la gestion des documents suivant trois axes :

- Structurer les rôles de contribution, liés à la gestion puis à la conservation des informations,

- Structurer la gestion de documents en formalisant les flux de traitement,

- Structurer les contenus informationnels, grâce aux fonctionnalités d'indexation offertes par SharePoint pour classer les documents à l'aide de mots-clés et autres métadonnées documentaires pour organiser la gestion et faciliter la recherche d'information.

Les contenus documentaires peuvent être organisés en classant les documents selon des métadonnées et un plan de classement que vous pourrez créer et faire évoluer facilement, selon la politique d'autorisations dont vous avez besoin.

Qu'est-ce qu'une **métadonnée** ?

Pour comprendre ce que sont les métadonnées, je vous demande d'imaginer comment retrouver efficacement une boîte de conserve parmi tant d'autres si vous retirez toutes les étiquettes. L'étiquette constitue l'indice de repérage, le support informatif descriptif qui vous manque pour connaître le contenu de l'objet : la provenance, la composition, la date limite de consommation, etc. Les métadonnées peuvent donc être liées avec le cycle de vie de l'information (numéro de version du document, document extrait le..., document approuvé par..., document mis en enregistrement le...).

Une métadonnée SharePoint pourra se traduire par un « tag documentaire » mais pas uniquement : dans les pages suivantes, je vous présente également l'indexation *via* les métadonnées naturelles de SharePoint déduites de l'organisation structurelle en site et en APPs. Dans les deux cas (tag documentaire et organisation naturelle), il est important de le faire dans le seul but d'offrir une phase de recherche la plus efficace pour les futurs utilisateurs : on n'indexe pas pour indexer ; on indexe pour retrouver ! Une information difficile à trouver est rarement utilisée : il est facile de se représenter l'idée qu'un client ne peut pas acheter ce qu'il ne trouve pas ; imaginez alors qu'un décideur ne peut pas envisager des options qu'il ne connaît pas. La qualité de l'indexation est la clé de voûte de la recherche. Dans le cadre d'une migration d'un serveur de fichiers, on pourra déduire des métadonnées d'indexation non seulement d'une propriété de document Office mais également de l'emplacement de stockage du fichier : je peux ainsi vous présenter la distinction entre une métadonnée relative à un document (nom de fichier) et une métadonnée de navigation (un nom de répertoire) que l'on retrouvera comme logique de fonctionnement de SharePoint.

Dans la représentation ci-dessous, on trouve à droite des fichiers et à gauche leur emplacement sur un serveur de fichiers. Sur le serveur de fichiers, on peut observer que le nommage des répertoires ne semble pas répondre à une nomenclature très homogène : je ne déduis dans cet exemple aucune règle autre que la présence de deux répertoires qui semblent être destinés aux fonctions de support « Achat » et « Administration ».

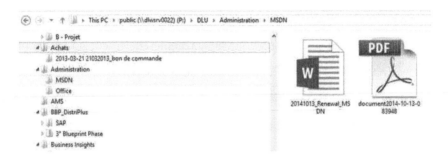

Par contre, les deux fichiers semblent posséder des règles de nommage structurées mais ils possèdent une nomenclature différente :

- Le fichier Word semble comporter une date (l'année, le mois et le jour), le type de document et le nom de l'entité, partagé avec le nom du répertoire ; ce nom de fichier a été produit par un utilisateur au moment de l'enregistrement du document ;

- Le fichier PDF semble comporter également une date (l'année, le mois et le jour mais pas au même format de saisie que le document Word) et un numéro séquentiel ; ce nom de fichier a été produit par un scanner qui a généré des métadonnées de production (issues de son processus de numérisation).

J'espère que je ne vous apprendrai rien si je vous précise qu'aucun logiciel ne peut déduire, des noms des deux fichiers, la présence d'informations relatives à des dates :

- Ces deux dates correspondaient à la date de l'engagement contractuel d'un dossier de souscription ;

- Ces deux dates ne constituent pas des informations retrouvables pour un utilisateur autrement qu'en ouvrant et analysant le dossier et ses documents.

Les métadonnées « naturelles » de SharePoint

Définition et principes des métadonnées dans SharePoint

Un document placé dans un espace de travail dédié est indexé automatiquement comme élément de cet espace, ce qui vous semblait peut-être le cas dans votre serveur de fichier.

Ce n'était pas le cas.

Le « chemin d'accès structurel » amenant aux éléments (l'URL) compose ce que j'appelle les métadonnées « naturelles » de SharePoint ; les noms de dossier dans les APPs constituent cette fois une métadonnée de navigation ; la tentation est là très grande de succomber à l'usage connu de reproduire son serveur de fichiers dans SharePoint mais prenez en compte également que :

- Le nom d'APP peut être utilisé en tant que métadonnée de navigation ;

- Le nom de site ou d'un sous-site est également une métadonnée de navigation.

En effet, tous les éléments ainsi classés dans un site ou dans une APP donnés sont automatiquement indexés par le nom de leur « zone de classement »...

Dans l'exemple ci-après, on pourrait ainsi, reproduire dans SharePoint, une architecture de l'information « Serveur » sur base des fonctionnalités de structuration « naturelles » de SharePoint.

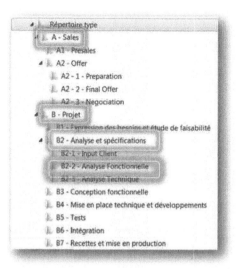

- Sales et Projet correspondraient à deux sites ;

- Le niveau de sous-répertoires « B1... », « B2... », « B3... » serait rematérialisé sous la forme d'APPs de type de bibliothèque ;

- Le niveau de sous – « sous-répertoires » (« B2-2 » dans mon exemple) serait rematérialisé sous la forme de dossier SharePoint (vous verrez d'ici la fin du chapitre 4 que je préfère une autre solution SharePoint au dossier Windows).

Libre à vous également de déployer un site sans APP de contenu, uniquement utilisé pour servir de site « passerelle », utilisé comme seuil d'accès à des sous-sites : dans ce cas, le site est utilisé pour l'information de classement structurel que constituent son nom et son URL SharePoint. Cette structuration de l'information marie la logique de classement utilisée par les utilisateurs de serveurs de fichiers et la logique de structuration site/sous-site/APP/dossier de SharePoint : c'est la principale raison pour laquelle une migration purement informatique de données d'un serveur de fichiers vers une bibliothèque de documents SharePoint ne correspondra pas à la logique d'utilisation la plus efficace.

Il sera plus efficace de s'appuyer sur la façon naturelle qu'a SharePoint de classer puis de retrouver l'information *via* les noms et les URL de site et d'APPs. Ensuite, au niveau des informations propres à chaque document et non plus à leur emplacement, de nombreuses métadonnées (colonnes de propriétés) existant par défaut vous sont présentées ci-après : balises et notes, évaluation de contenu, identifiant unique de document, mots-clés de l'entreprise, autres colonnes de site...

Donner du sens aux noms des sites et des APPs pour indexer naturellement

Nommer les sites et les APPs de façon « naturelle » par rapport à la logique d'indexation du moteur en choisissant un langage naturel, i.e. le plus proche des mots-clés qui seront utilisés lors de la recherche.

Changer les noms dans SharePoint

Pour changer les noms dans SharePoint, utiliser les paramètres avancés de site, de liste et de bibliothèque.

Changer les noms apparaissant dans les URL

Pour changer les noms apparaissant dans les URL :

- D'un site, cliquer sur [Paramètres du site] puis sur [Titre, description et logo] ; vous pouvez modifier l'URL des sous-sites, pas du site racine (ni de la collection de site sur SharePoint Online) ;

- D'une APP, utiliser Windows Explorer pour ouvrir une APP bibliothèque puis remonter dans l'URL sur le site pour afficher le contenu ; modifier le nom de l'APP comme pour un fichier dans Windows.

Utiliser l'identifiant unique de document

Comme tout bon système de gestion de contenu, SharePoint dispose depuis son édition 2010 de la fonctionnalité « ID de document ».

Une fois que SharePoint applique la fonctionnalité « Service d'ID de Document » activée au niveau de la collection de site par l'administrateur (une fois activée et paramétrée, un certain temps d'attente est nécessaire en raison d'un timer job - sur Online, la fonctionnalité est visible pour l'utilisateur le lendemain), l'utilisateur a la possibilité d'ajouter la colonne « Document ID » (ne pas se tromper avec la colonne ID qui concerne l'ID de l'élément dans l'APP uniquement) à sa bibliothèque et de constater qu'il est possible de faire un lien vers son document depuis la légende du document au travers de cet ID, précédé de DocIdRedir.aspx?ID=...

L'ID de document répond à une numérotation incrémentale structurée comme suit :

Racine de l'ID(*) - numéro de l'APP - numéro de l'élément

La racine du Document ID est le seul segment de l'ID personnalisable au niveau des paramètres de collection de sites « Paramètres d'ID de document », sauf sur SharePoint Online d'Office 365 où les collections de site sont mutualisées : sur un SharePoint Serveur, vous pouvez spécifier la racine de l'identifiant, i.e. « un jeu de quatre à douze caractères » utile pour rappeler la collection de site source. Le numéro de l'APP et le numéro de l'élément ne sont pas personnalisables ni par l'utilisateur ni par l'administrateur de collection de site ; ce numéro incrémental est géré par SharePoint.

PARAMÉTRER ET UTILISER LA FONCTIONNALITÉ

Cette fonctionnalité est automatique dans le sens où chaque document se voit attribuer un identifiant unique géré par SharePoint.

À partir de cet identifiant unique, l'utilisateur aura la possibilité de créer des liens hypertextes qui ne pointent plus sur un nom de fichier et un « chemin d'accès » sur SharePoint mais vers cet identifiant unique inaltérable : l'avantage est qu'un déplacement ou un renommage du document ne viendra pas briser le lien vers ce document.

Néanmoins, cette fonctionnalité doit être activée et peut être paramétrée au niveau de la collection de sites. Paramétrer la fonctionnalité d'ID de document requiert de posséder les droits d'administrateur de collection de sites.

Trois étapes sont préalables à la mise en place de cette fonctionnalité automatique :

1. Activer préalablement la fonctionnalité d'ID de document en tant qu'administrateur de la collection de sites :

   a. Accéder au site de niveau supérieur.

   b. Cliquer sur [Actions du site], puis sur [Paramètres du site].

   c. Sous « Administration de la collection de sites », cliquer sur [Fonctionnalités de la collection de sites]. (...)

   d. En regard du Service d'ID de document, cliquer sur [Activer]. Une icône « Actif » s'affiche en regard de l'élément et la fonctionnalité est activée pour la collection de sites actuelle.

2. Configurer les ID de document pour l'entièreté de la collection de sites :

    a. Sous « Administration de la collection de sites », cliquer sur [Paramètres d'ID de document].

    b. Sur la page « Paramètres d'ID de document », dans la section « Attribuer les ID de document », vérifier que la case à cocher « Attribuer les ID de document » est cochée.

    c. Pour définir une chaîne personnalisée de caractères ou de nombres qui sont automatiquement ajoutés au début de chaque ID de document, entrer la chaîne sous « Commencer les ID par... ».

    d. Activer la case à cocher « Réinitialiser tous les ID de document » si vous voulez ajouter automatiquement le préfixe à tous les ID de documents existants dans votre collection de sites.

    e. Dans les sections « Étendue de la recherche d'ID de document », sélectionner les sites à utiliser comme étendue de recherche pour la recherche d'ID.

    f. Cliquer sur [OK].

3. Ajouter la colonne ID de document à votre affichage de bibliothèque :

    a. Dans le ruban « Bibliothèque », cliquer sur [Modifier l'affichage].

    b. Cocher la case ID de document.

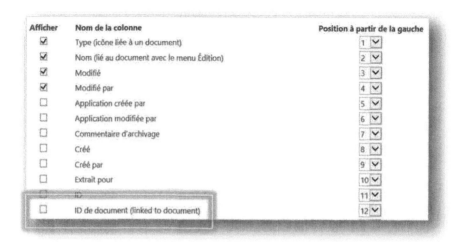

Afficher	Nom de la colonne	Position à partir de la gauche
☑	Type (icône liée à un document)	1 ⌄
☑	Nom (lié au document avec le menu Édition)	2 ⌄
☑	Modifié	3 ⌄
☑	Modifié par	4 ⌄
☐	Application créée par	5 ⌄
☐	Application modifiée par	6 ⌄
☐	Commentaire d'archivage	7 ⌄
☐	Créé	8 ⌄
☐	Créé par	9 ⌄
☐	Extrait pour	10 ⌄
☐	ID	11 ⌄
☐	ID de document (linked to document)	12 ⌄

Tous les documents dans la collection de sites se voient automatiquement attribuer un ID de document : le temps nécessaire à cette opération dépend du nombre de documents existants dans votre collection de sites (sur SharePoint Online, l'opération est planifiée une fois par jour, en fin de journée).

Cette fonctionnalité permet de créer un hyperlien vers un document qui pointe sur un fichier dans une bibliothèque de documents *via* son chemin d'accès et son nom de fichier : les utilisateurs qui échangent des liens au sein de leur système d'information, qui créent des hyperliens au sein des documents trouveront pratique d'adopter l'ID unique de document. Comme l'ID unique de document remplace le chemin d'accès au sein d'une collection de sites, les utilisateurs pourront ainsi modifier librement les noms des fichiers, les déplacer au sein d'une même collection de sites sans craindre de casser des liens vers des documents. J'ai observé trois limites à l'utilisation de cette fonctionnalité :

1. La première limite de cette fonctionnalité est que l'on perd le chemin d'accès au document avec le déploiement de cet ID ; pas facile de le localiser sans devoir l'ouvrir.

2. La deuxième limite de cette fonctionnalité peut surgir lorsque vos utilisateurs vous demandent non pas une mais plusieurs racines différentes, par exemple pour distinguer des ID par métier, pour plusieurs services dans un seul et même département (bref en lien avec le plan de classement de l'organisation) : ce n'était pas possible ou alors, il fallait envisager de créer plusieurs collections de sites, avec chacune leur racine d'ID différenciée.

3. Survient enfin la troisième limite de cette fonctionnalité : si le document venait à changer de collections de site, fonctionnalité hautement facilitée depuis l'édition SharePoint 2013, pour transfert d'une collection de site collaborative à une collection de site de publication ou d'archive, le lien était alors cassé.

La nouvelle fonctionnalité « Liens durables » présentée ci-après est une nouvelle version de cette fonctionnalité.

Utiliser les liens durables (SharePoint Online et 2016 Server)

La fonctionnalité présentée dans cette section est une nouveauté disponible sur SharePoint Online et sur la version 2016 Server.

La fonctionnalité de lien durable apporte une réponse à la limite rencontrée avec l'utilisation de l'identifiant unique de document que constituait le fait que l'on cassait le lien dès lors qu'un document était déplacé d'une collection de site à une autre.

Avec la fonctionnalité de lien durable activée (nécessite le Server Office Web APP), l'URL se structure désormais avec le chemin SharePoint traditionnel suivi de l'ID sous la forme d'un ?d=… après le nom du fichier (lien valable entre plusieurs collections de sites car l'ID n'est plus géré au niveau de la collection de sites mais directement issu de la base de données SQL).

Comme c'est l'ID qui fait foi et non le chemin, cette nouvelle fonctionnalité :

1. Gère partiellement la perte du chemin d'accès (première limite de la fonctionnalité ID de document) ;

2. Ne présente pas d'intérêt par rapport à un plan de classement, avec une URL à racine personnalisable (deuxième limite) ;

3. Pallie la troisième limite (lien valable entre plusieurs collections de sites car l'ID est issu de la base de données SQL).

Utiliser les **balises et notes** (SharePoint 2010 et 2013 Servers uniquement)

Définitions et principes

Avec la fonctionnalité « Balises et Notes » apparue avec l'édition 2010, tout utilisateur peut définir une ou plusieurs « balises », un ou plusieurs mots-clés personnels qu'il associe à un document ; ainsi référencé, tout document sera plus simple à retrouver pour lui. Avec les notes, n'importe quel utilisateur pouvait prendre des notes personnelles relatives à un document ; en cochant une simple case, tout utilisateur pouvait partager ces notes avec tous les utilisateurs accédant au document.

PARAMÉTRER ET UTILISER LES FONCTIONNALITÉS DE « BALISES ET NOTES »

Aucun paramètre n'est configurable concernant cette fonctionnalité, que ce soit au niveau des paramètres de collection, de site ou d'APP.

Dans quel contexte proposer aux utilisateurs d'adopter ces fonctionnalités ?

La fonctionnalité « Balises et Notes » :

- A été abandonnée sur Office 365 en décembre 2014 ;

- A été remplacée par la fonctionnalité « Tableau » de Microsoft Delve (disponible uniquement sur SharePoint 2016 en mode hybride avec SharePoint Online).

Utiliser l'évaluation de contenu

Définitions et principes

L'évaluation de contenu permet aux utilisateurs d'évaluer un contenu en lui attribuant une appréciation, sous la forme, au choix :

- J'aime,
- Classement de 1 à 5 étoiles.

PARAMÉTRER ET UTILISER LA FONCTIONNALITÉ

Il est nécessaire d'activer la fonctionnalité dans chaque bibliothèque où l'on souhaite déployer la fonctionnalité ; pour activer la recommandation de contenu :

1. Cliquer dans [Paramètres de la bibliothèque] (ou d'un autre type de liste).

2. Dans « paramètres généraux », cliquer sur [Paramètres d'évaluation].

3. Cliquer sur [Autoriser l'évaluation].

4. Sélectionner le type d'expérience choisi (j'aime – classement de 1 à 5 étoiles)

Dans quel contexte proposer aux utilisateurs d'adopter cette fonctionnalité ?

On peut utiliser cette fonctionnalité dans un environnement de collaboration « sociale », par exemple pour recueillir des avis sur des documents de « référence » (intranet de support), des pages de Wiki (le site Wiki est déjà préconfiguré pour un classement des pages de 1 à 5 étoiles).

Utiliser les **mots-clés d'entreprise**

Définitions et principes

La fonctionnalité « Mots-clés d'entreprise » permet de construire un référentiel centralisé de mots-clés partageable dans toute la collection de sites : dès lors que l'utilisateur saisit les premières lettres de son mot dans le champ d'indexation « Mots-clés d'entreprise »,

SharePoint suggère les mots-clés précédemment saisis, de manière à uniformiser les libellés, comme l'indique l'écran ci-contre.

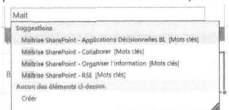

PARAMÉTRER ET UTILISER LA FONCTIONNALITÉ

Cette fonctionnalité peut être déployée dans toute APP de site.

À activer au niveau de chaque APP	Il est nécessaire d'activer la fonctionnalité dans chaque bibliothèque où l'on souhaite déployer la fonctionnalité ; pour activer la fonctionnalité « Mots-clés d'entreprise » : 1. Cliquer dans [Paramètres de la bibliothèque] (ou d'un autre type de liste). 2. Dans « paramètres généraux », cliquer sur [Ajouter des Mots-clés et métadonnées de l'entreprise]. 3. Ajouter la colonne « Mots-clés de l'entreprise » à un affichage.

Il est possible de laisser cet ensemble de mots-clés :

- « Ouvert », i.e. l'ajout de nouveaux mots-clés par les contributeurs est possible ; SharePoint permet ainsi d'adosser la gestion de ces actifs informationnels à un référentiel d'organisation que l'on peut constituer en partant de zéro (enrichissement avec cette indexation qualitative) ;

- « Fermé », i.e. l'ajout de nouveaux mots-clés par les contributeurs est impossible ; il est recommandé de fermer cet ensemble de mots-clés après l'avoir analysé et nettoyé pour ne pas compromettre la qualité et la quantité des informations y figurant (pour valider de la taxonomie officielle de l'organisation, supervisée par les praticiens).

Autorisations	L'accès à la liste des mots-clés d'entreprise s'effectue *via* des autorisations gérées dans le magasin de termes (paramètres de site – administration du site – gestion de la banque de termes), initialement accessible par l'administrateur SharePoint sur la console d'administration centrale.
	Seuls les administrateurs du magasin de mots-clés d'entreprise peuvent venir modifier et supprimer des mots saisis.

Dans quel contexte proposer aux utilisateurs d'adopter cette fonctionnalité ?

À travers la fonctionnalité des mots-clés d'entreprise, SharePoint permet la mise en place d'un système de gestion de mots-clés centralisé, suivant une approche descriptive et qualitative de l'indexation.

Si votre organisation ne possède aucune liste de mots-clés de référence, la fonctionnalité de mots-clés d'entreprise va vous permettre de les collecter en vous basant sur un approvisionnement par « la foule des contributeurs » ; je vous recommande malgré tout d'organiser la mise en place de ce magasin de mots-clés en deux étapes :

- La première étape est d'ouvrir le magasin en mode ajout, le temps nécessaire pour capturer le jargon utilisé par les contributeurs ;

- Au bout d'une période « significative » (fonction de la qualité de la contribution), une phase d'analyse de ces mots-clés « au plus près de la vision des contributeurs » est réalisée pour définir la sémantique officielle de référencement (la taxonomie de l'organisation) en minimisant le nombre de termes, tout en donnant un maximum d'information.

Si votre organisation possédait déjà au sein de ses équipes des référents responsables de la structuration et de l'enrichissement de l'information, ils peuvent être consultés pour constituer ce référentiel de mots-clés descripteurs de référence, qui pourra être ensuite fermé ou ouvert ; si cette liste est ouverte, on mettra en place une revue périodique.

Cette fonctionnalité présente néanmoins deux inconvénients majeurs qui limitent son application dans la vie courante :

- Cette liste de mots-clés est disponible dans son intégralité, pour l'ensemble des contributeurs dans toute la collection de sites...

- Cette liste de mots-clés ne permet pas d'ajouter de synonymes au mots ajoutés ;

- Cette liste de mots-clés est « à plat » et ne permet donc pas de créer des sous-ensembles et de s'approcher d'un classement comme nous avons l'habitude de la trouver sur des serveurs de fichiers avec des répertoires et des sous-répertoires ; il n'est donc pas possible avec cette fonctionnalité d'organiser de façon hiérarchique les contenus en tags hiérarchisés, comme on classait ces fichiers dans des ensembles de répertoires hiérarchisés sur les serveurs de fichiers.

Ajouter une **colonne**

Lorsque nous avons activé les fonctionnalité « Évaluation de contenu » ou « Mots-clés d'entreprise », SharePoint a ajouté des colonnes qui existaient mais qui n'étaient pas encore visibles. Nous pourrions avoir besoin de créer nos propres colonnes pour compléter les métadonnées avec les tags documentaires supplémentaires.

Créer une colonne peut se faire selon deux moyens :

- Ajouter une colonne de site existant à votre bibliothèque,

- Créer une colonne.

PARAMÉTRER ET UTILISER LES FONCTIONNALITÉS DE COLONNE

AJOUTER UNE COLONNE DE SITE EXISTANT À VOTRE BIBLIOTHÈQUE

SharePoint possède des colonnes de site préexistantes non seulement de type documentaire mais également des colonnes de site comportant d'autres types d'informations pouvant parfois être utiles.

Par exemple, ne pas réinventer la colonne auteur, commentaires, copyright : 175 colonnes de site existent déjà et vous risquez de créer des colonnes de valeur similaire en doublon, compliquant ensuite la recherche d'information...

Ces colonnes de sites sont généralement liées à des APPs standards ou à des fonctionnalités complémentaires à activer.

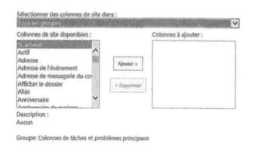 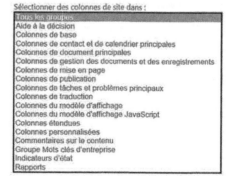

Attention de bien vérifier la pertinence du choix de la colonne (classement, nom, type de données, liées à une fonctionnalité...) avant de l'ajouter à votre bibliothèque ou autre liste que vous personnaliseriez.

Pour ajouter une colonne de site à votre bibliothèque :

1. Cliquer sur [Paramètres de la bibliothèque].

2. Dans la section « Colonnes », cliquer sur [Ajouter à partir de colonnes existantes].

3. Sélectionner une ou plusieurs colonnes, décider si vous souhaitez l'ajouter à l'affichage par défaut et cliquer sur [OK].

CRÉER UNE COLONNE

Si aucune colonne de site existante vous ne convient, il est très facile dans SharePoint de créer une nouvelle colonne. Néanmoins, vous aurez le choix de créer une colonne dans une APP donnée ou de créer une nouvelle colonne de site (le double avantage de créer une nouvelle colonne de site est que nous pourrons réutiliser cette colonne de site dans une APP si besoin et que la colonne de site est automatiquement indexée par le moteur de recherche).

Pour créer une colonne de site, dans la page de « Paramètres de site », cliquer sur [colonnes de site] puis sur [Créer] pour créer une nouvelle colonne de site.

Pour créer une colonne attachée à une bibliothèque ou à une liste déterminée, dans le ruban « Bibliothèque ou liste », cliquer sur le bouton de fonction [Créer une colonne] ou, ci-dessous, en mode modification rapide, cliquer sur le signe [+].

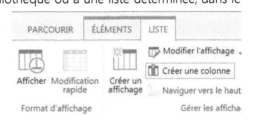

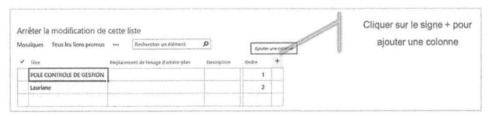

Dans le formulaire de création de la colonne, saisir le nom de la colonne et choisir parmi les différents types de colonnes (SharePoint adapte alors le formulaire de définition) que l'on a toujours la possibilité de paramétrer comme champ facultatif ou obligatoire.

On doit alors choisir :

- Le nom du champ ;

- Une éventuelle description ;

- Si le champ d'information est facultatif ou obligatoire ;

Rapport entre métadonnées et extraction	Il existe un rapport entre l'ajout de métadonnées obligatoires et l'extraction automatique de document effectuée par SharePoint, tant que les métadonnées obligatoires n'ont pas été renseignées.		
Extraction obligatoire	Désactivée	Activée	Automatique
Dans la bibliothèque	- L'extraction est possible. - La coédition est possible.	- L'extraction est obligatoire. - La coédition est impossible.	SharePoint extrait le document automatiquement lorsqu'une métadonnée obligatoire est manquante.

- Si la valeur du champ ne peut être utilisée qu'une seule fois ;

- Une valeur par défaut ;

- Des paramètres liés au type de colonne choisi...

Parmi les types de colonne, je les classe généralement en deux catégories : les colonnes simples et les colonnes avancées.

Les types de colonne simples

Type de colonne	Présentation
Simple ligne de texte	Champ hexadécimal sans mise en forme, limité par défaut à 255 caractères (paramétrable)
Plusieurs lignes de texte	Champ hexadécimal avec mise en forme, limité par défaut à 6 lignes mais que l'on peut rendre « fonctionnellement illimité » ; si vous activez du contrôle de version sur une liste, vous pouvez utiliser la fonctionnalité suivante « Ajouter des modifications à un texte existant » pour tracer l'historique des informations ajoutées alors de façon incrémentale.
Choix	Liste de choix fermée, modifiable uniquement avec les droits de propriétaires, à partir de laquelle on peut offrir la possibilité de la sélection unique ou multiple.
Nombre	Champ décimal (de 0 à 5 chiffres après la virgule), que l'on peut borner par un minimum et un maximum, présenté sous la forme d'un pourcentage.
Monnaie	Champ quasiment identique au type de champ « Nombre », avec en sus le paramétrage d'un sigle monétaire associé par pays.
Date et heure	Champ « Date et heure », en lien avec les paramètres régionaux du site, que l'on peut limiter uniquement à la date.
Oui / Non	Champ de type « case à cocher Oui/Non ».
Personne ou groupe	Champ de type « Utilisateur SharePoint » ou « Groupe SharePoint », que l'on peut offrir en sélection unique ou sélection multiple.
Lien hypertexte ou image	Champ de type « Lien URL » ou « Image URL »

Les types de colonne avancés

Type de colonne	Présentation
Valeur calculée	Champ permettant de réaliser un calcul à partir de données d'autre(s) colonne(s) présente(s) dans l'APP.
Recherche	Champ permettant de choisir parmi les données d'une colonne d'une autre bibliothèque/liste du site (choisir l'APP puis une ou plusieurs colonnes) – les relations peuvent être bidirectionnelles au niveau de la suppression.
Résultat de la tâche	Champ permettant d'afficher les résultats d'une tâche.
Données externes	Champ permettant d'afficher les données d'une source externe.
Métadonnées gérées	Champ permettant de sélectionner une ou plusieurs valeurs gérées dans « le magasin de termes » présenté ci-après.

UTILISER LE MAGASIN DE TERMES

Définition et principe

Les fonctionnalités du magasin de termes vont vous permettre de « construire un référentiel centralisé de mots-clés partageables dans toute la collection de sites », des métadonnées gérées : cette définition partielle est, jusqu'alors, identique à celle des « mots-clés d'entreprise ».

Mais les inconvénients de la fonctionnalité des « mots-clés d'entreprise » étaient les suivants :

- C'est une liste de mots-clés « à plat », sans hiérarchisation...

- C'est une liste de mots-clés disponible dans son entièreté pour l'ensemble des contributeurs dans toute la collection de sites...

Le « magasin de termes » pallie ces inconvénients :

- Vous allez pouvoir construire un référentiel centralisé mais structuré en plan de classement hiérarchisé (arbre de taxonomie) permettant de couvrir l'ensemble des besoins des utilisateurs ;

- Vous allez pouvoir mettre à disposition des branches de mots-clés en fonction des besoins spécifiques de vos métiers ; on peut ainsi appliquer seulement une partie du magasin de termes à une bibliothèque donnée.

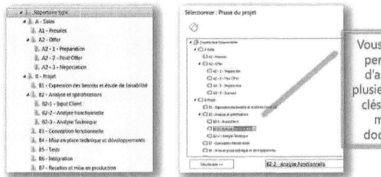

Construire le magasin de termes

Pour se rendre dans le magasin de termes :

1. Cliquer dans les paramètres de site de votre site.

2. Sous la section « Administration du site », cliquer sur [Gestion de la banque de termes].

Dans la page de configuration du moteur de recherche, vous devez définir la signalétique du groupe d'ensemble de termes :

- La langue du magasin, chaque langue possédant son magasin dont SharePoint peut gérer les traductions ;

- Les administrateurs qui géreront le magasin de termes, qui pourront choisir les différentes langues disponibles dans le magasin en fonction des modules linguistiques installés au niveau du serveur SharePoint et qui créeront les groupes de termes.

Ils sont tous là !

Vous pouvez remarquer les deux points suivants :

- Les mots-clés d'entreprise se trouvent gérés dans le magasin de termes dans l'ensemble de termes Mots-clés ;

- La collection de sites possède son propre groupe car il est possible de partager le magasin de termes entre plusieurs collections de sites.

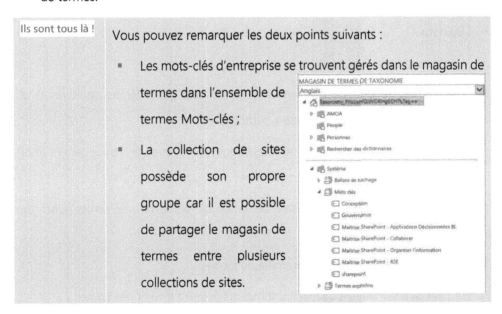

En tant qu'administrateur du magasin de termes, pour créer un nouvel ensemble de termes :

- Cliquer sur [˅] à droite du nom de la collection de sites.

- Cliquer sur [Nouvel ensemble de termes] pour créer un ensemble de termes.

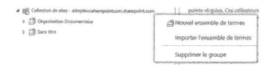

Pour chaque ensemble de termes, vous possédez une signalétique dans la partie de la page :

- Un nom,

- Une description,

- Un propriétaire désigné nominativement qui peut posséder les seuls droits de contributeurs d'une liste ou d'une bibliothèque,

- Une adresse e-mail de contact pour les suggestions d'évolution pour cet ensemble de termes donné (si l'adresse est vide ; pas de suggestion possible),

- Les collaborateurs responsables de cet ensemble de termes qui seront avisés des évolutions,

- La stratégie d'ouverture de l'ensemble de termes :
    - ✓ « ouverte » signifie que les contributeurs peuvent ajouter des termes ;
    - ✓ « fermée » signifie que les contributeurs ne peuvent pas ajouter de termes.

1. Pour créer l'ensemble de termes hiérarchisés, il suffit de se positionner sur le signe [˅] à droite du terme pour créer un terme « enfant », de niveau hiérarchique immédiatement inférieur.

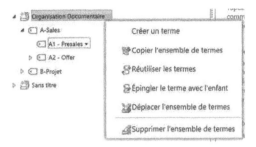

Comme chaque groupe et chaque ensemble de termes, chaque terme possède sa propre signalétique (Onglet général) :

- Disponible pour le marquage : une case à cocher ou décocher pour rendre disponible le terme pour l'utilisation ;

- Langue : la langue du terme ;

- Description : une définition, un texte pour expliquer quand utiliser ce terme et ainsi lever toute ambiguïté ;

- Étiquette par défaut : le libellé ;

- Autres étiquettes : les libellés « synonymes » de l'étiquette par défaut.

précisions	La signalétique du terme possède un onglet « Tri personnalisé » sur lequel deux choix sont proposés :

- Conserver l'ordre des étiquettes tel que saisi initialement,

- Décider d'un ordre de tri personnalisable.

2. Créer les termes hiérarchisés de votre ensemble de termes, en observant que SharePoint propose plusieurs choix d'actions dès lors qu'il possède déjà des ensembles de termes, des termes ou des termes et des enfants.

FONCTIONNALITÉ	DESCRIPTION	ENSEMBLE DE TERMES	TERME	TERME ET ENFANTS
CRÉER (˅ À DROITE)	Créer le libellé	✓	✓	
MODIFIER (DOUBLE CLIC)	Modifier le libellé	✓	✓	
SUPPRIMER (˅ À DROITE)	Classés en « terme orphelin »	✓	✓	✓
COPIER (˅ À DROITE)	Modifier le terme	✓	✓	✓
DÉPLACER (˅ À DROITE)	Déplacer le terme	✓	✓	
RÉUTILISER (˅ À DROITE)	Insérer un terme déjà créé par ailleurs	✓	✓	
ÉPINGLER (˅ À DROITE)	Insérer un terme et ses enfants déjà créés par ailleurs	✓	✓	✓
DÉCONSEILLER	Terme demeurant présent dans le magasin mais non utilisable ; les enfants restent utilisables	✓	✓	✓
FUSIONNER	Fusionner plusieurs termes en gardant les différentes valeurs comme « Autres étiquettes »		✓	

Vous pouvez préparer votre ensemble de termes dans un fichier Excel que l'on peut ensuite importer directement ; il est recommandé de restreindre cette fonctionnalité uniquement à des référentiels non susceptibles d'évoluer fréquemment :

- Dans le groupe « Administration du site », télécharger une copie du fichier d'importation pour le remplir avec les valeurs d'ensembles de termes ;

- Préparer votre ensemble de termes et enregistrer le fichier au format [.csv] ;

- Réimporter votre fichier en cliquant sur [˅] à droite du nom de l'ensemble de termes – [Importer l'ensemble de termes].

Notez que le magasin de termes peut être alimenté par une source externe (base de données) à SharePoint.

CONNECTER LE MAGASIN DE TERMES À UNE BIBLIOTHÈQUE OU UNE LISTE

Pour connecter le magasin de termes à une APP, se rendre dans les paramètres de l'APP pour créer une nouvelle colonne de type « métadonnées gérées » :

- Vous pouvez utiliser un ensemble de termes gérés déployé dans le magasin de termes ;

- Vous pouvez également créer directement un nouvel ensemble de termes, si les droits vous ont été donnés dans un groupe du magasin de termes.

Nom et type

Entrez le nom de cette colonne.

Nom de la colonne :

> Managed Metadata

Le type d'informations figurant dans cette colonne est :
Métadonnées gérées

Paramètres de colonne supplémentaires

Spécifiez les options détaillées pour le type d'informations que vous avez sélectionné.

Description :

Champ à valeurs multiples

Indiquez si la colonne accepte plusieurs valeurs
Remarque : autoriser plusieurs valeurs empêche le tri dans les affichages de liste.

Appliquer des valeurs uniques :
○ Oui ● Non

☐ Autoriser plusieurs valeurs

Format d'affichage

La valeur sélectionnée dans l'ensemble de termes peut être affichée soit comme une seule valeur, soit avec le chemin hiérarchique complet.

Exemple :
Valeur unique *Ville*
Chemin hiérarchique complet - *Lieu, Continent, Pays/Région, Ville*

Valeur d'affichage :
● Afficher l'étiquette du terme dans le champ
○ Afficher le chemin d'accès complet au terme dans le ch

Paramètres de l'ensemble de termes

Entrez un ou plusieurs termes, séparés par des points-virgules, et sélectionnez Rechercher pour filtrer les options et n'inclure que ceux qui contiennent les valeurs souhaitées.

Une fois que vous avez trouvé l'ensemble de termes qui contient la liste des valeurs d'affichage des options de cette colonne, cliquez sur un terme pour sélectionner le premier niveau de la hiérarchie à afficher dans la colonne. Tous les niveaux sous le terme que vous sélectionnez sont visibles lorsque les utilisateurs choisissent une valeur.

● Utiliser un ensemble de termes géré :
Rechercher les ensembles de termes qui contiennent les t

▲ Taxonomy_e9hcuXSlieCE0uCD8tyMSw==
  ▲ AMOA
    ▷ Formation
    ▷ Gouvernance, formation

Dans quel contexte proposer aux utilisateurs d'adopter ces fonctionnalités ?

Après avoir présenté les bénéfices de l'utilisation des mots-clés ou tags documentaires, je me dois de venir doucher votre possible enthousiasme de multiplier les champs d'indexation que vous souhaiteriez déployer.

Par conséquent, je recommande de suivre les points suivants :

- Ne déployez pas plus de trois champs d'indexation sur un formulaire de définition des propriétés documentaires ; dans le cas contraire, en effet, le travail d'indexation est toujours considéré comme fastidieux à la longue et la qualité finit toujours par s'en ressentir sur la durée ;

- Préférez les champs « obligatoires » aux champs « facultatifs », dans le cas contraire, vous risquez d'obtenir des champs... vides ;

- Préférez les champs de liste de choix contrôlés ou gérés dans le magasin de termes plutôt que des champs à valeur « libre » ; dans le cas contraire, vous risquez fortement de récupérer « de la folksonomie plutôt que de la taxonomie ».

Néanmoins, il y a des vérités que vous devez considérer :

- Même avec le magasin de termes, il existe un risque d'erreur, d'autant plus si l'arbre de taxonomie est complexe et profond ;

- La qualité du travail dépend bien entendu de chaque collaborateur et de son « état de forme du moment » ; on a noté d'ailleurs que l'on n'indexait pas toujours de la même manière tout au long de la journée.

Par conséquent, par pragmatisme, on va mettre en place des champs de métadonnées de classement majoritairement dans les cas pour lesquels l'enjeu le justifie, en fonction du type de document et de site sur lequel il sera enregistré.

- Pour des espaces de support, de publication, de références ou d'archives,

- Pour des applications « Métiers », fortement structurées compte tenu de règles « Métiers », permettant d'introduire des métadonnées purement documentaires mais assistant le traitement automatique.

On tâchera de les mettre moins à contribution sur les sites plus éphémères (types de site collaboratif équipe ou projet) ou moins en lien avec des activités de travail structurées (types de site collaboratifs communautaires, présentés au Chapitre 6 du tome 2).

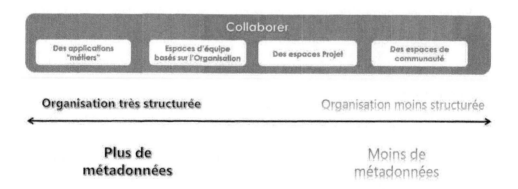

Nos utilisateurs comprendront d'autant mieux le bénéfice de leur travail de classement :

- Au moment de la mise en place de traitements de routage automatiques (cf. la section « Pour aller plus loin : les fonctionnalités avancées basées sur les métadonnées et les types de contenu ») ;

- Au moment de la recherche de documents (cf. Chapitre 5)

Pas question de s'appuyer sur de l'indexation manuelle ?	La fonctionnalité des types de contenu présentée page suivante offre une solution pour réduire le nombre de champs de métadonnées. Enfin, au chapitre 5, vous découvrirez également que SharePoint Server 2013 et 2016 proposent une fonctionnalité qui permet de s'affranchir d'opérations d'indexation réalisées par les utilisateurs.

Personnaliser les **affichages**

Par défaut, toutes les listes et bibliothèques sont paramétrées pour présenter l'affichage « tous les éléments présents », à partir duquel tout utilisateur peut :

- Exécuter une recherche dans la liste ou la bibliothèque grâce au champ « Rechercher » présent dans l'interface ;

- Filtrer et trier des éléments depuis les entêtes de colonnes comme dans le tableur Ms Excel.

Pour expliquer le plus simplement possible ce qu'est un affichage :

1. Je dirais que créer un affichage permet d'enregistrer de façon permanente des actions de filtre et de tri effectuées sur les entêtes de colonnes.

2. J'ajouterais que créer un affichage permet de personnaliser l'affichage en utilisant bon nombre d'autres fonctionnalités de publication.

Par défaut, tout utilisateur possède un ensemble de fonctionnalités pour personnaliser l'affichage des données de liste et de bibliothèque. Ces fonctionnalités sont fréquemment mises en avant comme autant de nouvelles raisons pour ne plus organiser les fichiers à l'intérieur de répertoires. En effet, vous allez constater que les dossiers Windows entravent l'utilisation des fonctionnalités liées aux affichages.

- Définir les paramètres d'affichage, qui consiste à « enregistrer » des conditions de filtres et de tris mais également d'autres paramètres d'affichage ;

- Créer un affichage privé, public et par défaut :

  ✓ L'affichage peut être privé, c'est-à-dire personnel et uniquement visible par soi (par défaut au niveau des permissions, chaque utilisateur peut créer ses affichages en enregistrant les filtres et tris qui lui sont les plus utiles ; si tous les matins, l'utilisateur modifie la vue publique avec les mêmes règles de tri et de filtre, il sera intéressant de lui présenter la fonctionnalité d'affichage qui permet d'enregistrer ces conditions) ;

  ✓ L'affichage peut être public, voire devenir l'affichage public par défaut (géré dans ce cas par des ayants droit uniquement).

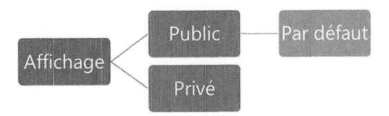

PARAMÉTRER ET UTILISER LA FONCTIONNALITÉ

Pour paramétrer un affichage :

1. Dans la liste ou la bibliothèque où vous souhaitez créer un affichage, cliquer sur l'onglet [Bibliothèque], puis sur [Créer un affichage].

2. Cliquer sur le format, comme « Affichage standard », ou sur un affichage existant sur lequel vous voulez baser votre affichage.

3. Dans la zone « Nom de l'affichage », saisir le nom de l'affichage.

4. Dans la section « Audience », sous « Afficher l'audience », sélectionner [Créer un affichage personnel] ou [Créer un affichage public] ; cliquer sur [Rendre cet affichage par défaut] si vous souhaitez que cet affichage soit utilisé par défaut (seul un affichage public peut être défini comme affichage par défaut d'une liste ou bibliothèque).

5. Dans la section « Colonnes », sélectionner les colonnes que vous souhaitez inclure dans l'affichage et désélectionner celles que vous ne souhaitez pas inclure. En regard des numéros de colonnes, sélectionner l'ordre des colonnes dans l'affichage.

6. Le cas échéant, configurer les autres paramètres de l'affichage, comme « Trier et Filtrer », puis cliquer sur [OK].

(...)

7. Reportez-vous aux paragraphes « Trier, Filtrer et regrouper pour modifier la stratégie d'affichage de liste/bibliothèque », par exemple en filtrant les documents concernant l'[Utilisateur Actif] ou [Aujourd'hui]

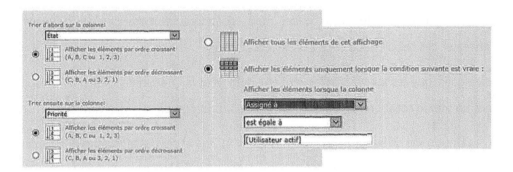

8. Pour modifier la stratégie d'affichage de liste/bibliothèque, de nombreux autres paramètres sont proposés pour créer des affichages publics ou privés :

   ✓   « Vue tabulaire », pour afficher ou retirer la colonne de sélection d'élément ;

   ✓   « Regroupement », pour regrouper les éléments par colonne (2 niveaux possibles, uniquement sur des valeurs uniques ; la colonne « Type de contenu » n'est pas proposée par l'interface mais possible par SharePoint Designer) ;

   ✓   « Total », pour afficher le décompte, la moyenne, la valeur minimale ou maximale concernant les éléments présents dans les colonnes ;

   ✓   « Style », pour afficher les éléments dans différents styles prédéfinis ;

   ✓   « Dossier », pour afficher ou masquer les dossiers utilisés (pour empêcher la création de répertoires, se rendre dans le menu « Paramètres avancés de l'APP ») ;

   ✓   Le nombre limite d'éléments à afficher, par groupe d'unités ou dans l'absolu ;

   ✓   Les paramètres d'affichage sur les appareils mobiles.

Dans quel contexte proposer aux utilisateurs d'adopter cette fonctionnalité ?

Un affichage permet d'enregistrer de façon permanente des actions de filtre et de tri effectuées sur les entêtes de colonnes mais également de regrouper des données, d'effectuer des calculs et de choisir un style d'affichage.

Cela signifie que ces fonctionnalités vont être déployées différemment selon que l'on soit dans un site de collaboration ou dans un site de support (publications, archives) :

- Dans un site de support, le responsable de l'APP va choisir les affichages publics car il portera la responsabilité de la présentation et du classement des documents publiés ou archivés (en fonction de la nature de l'information et de l'organisation du travail) ; notez qu'il est possible de créer un lien directement vers un affichage donné (depuis la nouvelle vue créée, vous pouvez copier l'URL et la réutiliser comme simple lien direct dans la navigation de site) ;

- Dans un site de collaboration, un utilisateur sera davantage contributeur et il sera davantage en mesure d'apprécier les affichages publics et privés qui lui rendront service dans son travail collaboratif, en fonction de la nature de ses informations et de l'organisation de son travail également ; par conséquent, la personnalisation des affichages nécessitera davantage d'accompagnement pour le placer dans les meilleures conditions par rapport à ses intentions de supervision et d'action (en fonction de sa maturité vis-à-vis du concept d'affichage personnel, le faire pour lui, avec lui ou le former pour qu'il soit pleinement autonome).

POUR ALLER PLUS LOIN

En mettant en place des affichages, vous allez découvrir qu'il existe des fonctionnalités complémentaires qui vont remplir les fameuses missions de supervision et de coordination promises par SharePoint, en lieu et place des actions manuelles des utilisateurs. Il y a ainsi un lien entre les affichages et :

- Les alertes,
- Les superpositions de calendriers.

Affichage et alerte

Souvenez-vous qu'au chapitre 3, je vous présentais la fonctionnalité d'alerte (notification d'avertissement) qu'il était possible d'appliquer à un élément ou à l'ensemble de la liste bibliothèque, pour éviter des actions manuelles de communication et de synchronisation. Et bien notez qu'à partir d'un affichage donné, vous pouvez créer une alerte sur un affichage « filtrant » sur cette liste ou cette bibliothèque : il va être possible d'être notifié si quelqu'un vient de supprimer un document que vous avez modifié aujourd'hui (Faire un affichage « Mon travail du jour » puis faire une alerte pour toute suppression qui aurait lieu dans cet affichage). Néanmoins, prenez en compte les limites suivantes qui sont importantes ; il n'est pas possible de créer des notifications d'avertissement à partir d'affichages filtrants sur :

- Des colonnes relatives à l'extraction et l'approbation ; pour les versions, il est possible de créer une alerte associée à une nouvelle version principale ;
- Des colonnes de type « date » car l'alerte ne se déclenche que lorsqu'un utilisateur concerné consulte l'APP (un développement complémentaire est requis pour que l'alerte se déclenche sans qu'aucun utilisateur ne doive se rendre dans l'APP).

Affichage et calendriers superposés

Souvenez-vous : au chapitre 2, concernant les fonctionnalités de l'APP « Calendrier », je vous avais présenté la fonctionnalité de superposition de calendrier SharePoint ou de liste de tâches SharePoint dans un calendrier SharePoint. Avec les affichages, il est également possible de superposer des affichages provenant d'un même calendrier ou d'une liste de tâches dans un calendrier, de manière à présenter les éléments avec des couleurs différentes, facilitant ainsi la supervision.

DÉPLOYER ET UTILISER LES TYPES DE CONTENU POUR STRUCTURER L'INFORMATION

Définitions et **principes**

À quoi servent les types de contenu ?

Puisque nous envisageons de créer un site pour un groupe de travail permanent (un département, un service, une équipe...) ou un site plus éphémère (projet), nous allons créer un espace de travail documentaire au travers d'au moins une bibliothèque de documents dont nous pouvons adapter à notre guise la structuration en colonnes de métadonnées documentaires. Comme votre organisation travaille probablement avec des modèles de document standardisés, vous vous êtes peut-être déjà posé les questions suivantes :

- Indexe-t-on tous les documents de la même manière dans une bibliothèque ?

- Si on n'indexe pas tous les documents de la même manière dans une bibliothèque, doit-on alors créer une bibliothèque par type de document ?

La réponse est deux fois « non » bien sûr. La solution est possible grâce aux types de contenu de SharePoint ; les types de contenu vont permettre :

1. De créer un « scénario d'indexation » par type de document, ce qui évitera de créer une bibliothèque par type de document ;

2. D'organiser le traitement des documents par groupe (déplacer un document avec ses métadonnées d'une bibliothèque à l'autre, de lui associer des workflows ou des règles de rétention en dehors du paramétrage de la bibliothèque, de faciliter sa recherche...).

SharePoint est construit dans la continuité de la notion de modèle de document Office ; par conséquent, vous pourrez :

- Associer un modèle de document bureautique à un type de document SharePoint ;

- Mettre en place des champs d'indexation de métadonnées en fonction du type de document ;

- Associer des règles de traitement de type Workflow, règles de rétention et règles d'organisateur de contenu à un type de document SharePoint.

| Partager des modèles de fichier avec des partenaires | Comme SharePoint est un outil-plateforme que l'on peut ouvrir sur l'extérieur de l'organisation dans une configuration extranet, le partage de certains modèles de documents bureautiques types au-delà de l'organisation est possible par simple paramétrage. |

Ce qu'il faut savoir avant de créer un type de contenu

Dans « Paramètres du site », sous « Galerie du concepteur web », cliquer sur [Types de contenu de site] pour constater qu'il existe ainsi des types de contenus de document (document, dossier, ensemble de document...) mais également divers types de contenu de pages ou d'éléments de liste, regroupés par groupes (ou types de type de contenu...) :

- Il est recommandé de ne pas modifier les types de contenu existants ;

- Vous créez forcément un type de contenu à partir d'un type de contenu existant ; par défaut, SharePoint comprend ainsi de nombreux types de contenu car tout contenu est créé dans SharePoint à partir d'un type de contenu ;

- Qu'il s'agisse de types de contenu « document » ou de type de contenu « liste », les types de contenu sont gérés dans des groupes de type de contenu.

Si vous le souhaitez, vous pouvez créer vos propres groupes de types de contenu de manière à pouvoir plus facilement les retrouver et profiter du principe d'héritage hiérarchique qui peut s'appliquer sur la structuration en colonne d'un type de contenu parent sur ses types de contenu enfants.

Créer un **type de contenu personnalisé**

L'architecte fonctionnel crée le type de contenu personnalisé en trois étapes :

1. Créer un type de contenu de site personnalisé au niveau du site.

2. Activer le nouveau type de contenu créé dans votre bibliothèque.

3. Ajouter le type de contenu à votre bibliothèque.

Étape 1 : Créer un type de contenu

LE TYPE DE CONTENU « DOCUMENT »

Vous devez créer des types personnalisés pour votre organisation pour vous aider à gérer une diversité de documents qui vous sont spécifiques :

1. Au préalable, assurez-vous de créer le type de contenu au bon niveau (le paragraphe « Pour aller plus loin… » de ce chapitre explique à quel niveau on peut créer ses types de contenu (au niveau d'un site, au niveau de sa collection de sites si on se positionne sur le site de niveau supérieur, entre collections de sites).

2. Cliquer sur [Paramètres du site], [Galerie du concepteur web], [Types de contenu de site].

3. Cliquer sur [Créer] pour créer un type de contenu de site personnalisé à partir d'un type de contenu existant.

Fortement recommandé	Rappelez-vous qu'il est fortement recommandé de ne pas personnaliser les types de contenu prédéfinis : vous devez créer des types de contenu personnalisés à partir des types de contenus existants.

4. Saisir le nom du type de contenu et la description qui s'afficheront sur le bouton de création.

5. Sélectionner le type de contenu parent (si vous voulez créer un nouveau type de contenu « Document », vous devez choisir le type de contenu « Document » ; si vous voulez créer un type de contenu enfant, vous devez choisir son type de contenu « Parent ») ; à ce titre, on peut regretter que SharePoint ne présente les types de contenu de façon hiérarchisée qu'à un seul niveau.

6. Enregistrer le type de contenu ; il est recommandé d'enregistrer le nouveau type de contenu dans le groupe « types de contenu personnalisés » ou de créer un nouveau groupe avec une dénomination simple pour la retrouver.

7. Pour chaque type de document, personnaliser ces attributs, qui seront automatiquement associés au nouveau document créé basé sur ce type de contenu :

   ✓ Les colonnes associées au contenu, vos propres métadonnées documentaires ;
   ✓ Les flux de travail appliqués à ce type de contenu ;
   ✓ Les stratégies de gestion des informations pour spécifier les stratégies de rétention et d'audit ;

✓ Le modèle de document (bien entendu, uniquement possible lorsqu'il s'agit d'un type de contenu document – on procédera de la même manière pour la création d'un type de contenu de liste, hormis le choix d'un modèle de document) ;

a) Cliquer sur [Paramètres avancés].

b) Télécharger le fichier « modèle » (vous avez nul besoin d'importer le modèle de document au format.dot ; importer le fichier au format.doc ou.docx).

c) S'il est stocké sur votre site, cliquer sur [Entrer l'URL d'un modèle de document existant], puis saisir l'URL du modèle à utiliser.

d) S'il est stocké sur votre ordinateur local, cliquer sur [Télécharger un nouveau modèle de document], puis sur [Parcourir]. Dans la boîte de dialogue « Sélectionner un fichier », rechercher le fichier à utiliser, le sélectionner, puis cliquer sur [Ouvrir].

LES TYPES DE CONTENU « DOSSIER » ET « ENSEMBLE DE DOCUMENTS »

Définitions et principes

SharePoint n'aime pas beaucoup les dossiers Windows : on peut certes associer un dossier et son contenu à un workflow ou à une règle de rétention[12] ou d'organisateur de contenu[13] ; par contre on ne peut pas personnaliser un dossier au niveau de l'apport des métadonnées et on rencontrera des limitations

dans l'utilisation et la personnalisation du moteur de recherche. On trouvera la solution à cette limitation en utilisant le type de contenu « Ensemble de documents » de SharePoint qui permet de gérer plusieurs documents dans une seule et même enveloppe documentaire au niveau des métadonnées. À l'intérieur de l'ensemble de documents, vous y trouverez :

- La possibilité d'inclure ou d'exclure certains types de contenu « Document » de l'intérieur de l'ensemble de documents ;

- La possibilité de faire hériter les métadonnées de l'ensemble de documents aux documents qui y sont présents ;

- Une page d'accueil au niveau de l'ensemble de document, dont vous pouvez personnaliser l'affichage des métadonnées documentaires ;

- La possibilité d'activer un contrôle de version spécifique à l'ensemble de documents ;

---

[12] Vu au chapitre précédent « pour aller plus loin », la règle de rétention permet de mettre en place des règles de traitement automatisées basées sur des dates.

[13] Cette fonctionnalité est présentée à la fin de ce chapitre.

- La possibilité de rechercher uniquement dans l'ensemble de documents ;
- La possibilité de créer des répertoires Windows.

Créer un type de contenu « Ensemble de documents »

1. Dans le menu « Site », cliquer sur [Paramètres du site].

2. Sous « Galeries du concepteur web », cliquer sur [Types de contenu de site].

3. Dans la page « Types de contenu de site », cliquer sur [Créer].

4. Dans la zone « Description », saisir une description de l'ensemble de documents.

5. Sous « Sélectionner un type de contenu parent dans », cliquer sur [Types de contenu de l'ensemble de documents] (Si l'option « Types de contenu de l'ensemble de documents » est absente, la fonctionnalité « Ensembles de documents » n'est pas activée au niveau de la collection de sites).

6. Cliquer sur [OK].

À activer	Pour activer la fonctionnalité « Ensembles de documents dans une collection de sites » (par défaut, elle est activée) :

1. Dans la collection de sites, accéder au site de niveau supérieur pour lequel vous souhaitez activer les ensembles de documents.

2. Dans le menu « Site », cliquer sur [Paramètres du site].

3. Sous « Administration de la collection de sites », cliquer sur [Fonctionnalités de la collection de sites].

4. Rechercher « Ensembles de documents » dans la liste, puis cliquer sur [Activer].

7. Sur la page « Type de contenu de site », sous « Paramètres », cliquer sur [Paramètres de l'ensemble de documents].

8. Dans la section « Types de contenu autorisés », sélectionner le groupe de types de contenu à utiliser. Puis, sous « Types de contenu de site disponibles », sélectionner le type de contenu que vous souhaitez autoriser dans cet ensemble de documents. Cliquer sur le bouton [Ajouter] afin de le déplacer vers la zone « Types de contenu autorisés dans l'ensemble de documents ». Répéter cette étape pour chaque type de contenu que vous souhaitez inclure dans l'ensemble de documents.

9. Dans la section « Contenu par défaut », sélectionner le type de contenu pour lequel vous souhaitez télécharger le contenu par défaut, puis cliquer sur [Parcourir] pour rechercher le fichier à télécharger.

10. Si vous souhaitez que le nom de l'ensemble de documents soit ajouté aux noms des différents fichiers, activer la case à cocher en regard de « Ajouter le nom de l'ensemble de documents » à chaque nom de fichier. Ces informations peuvent aider les utilisateurs à identifier les fichiers dans certains affichages de la bibliothèque, en particulier si une bibliothèque contient plusieurs copies d'un ensemble de documents.

11. Vous pouvez ajouter des métadonnées à votre type de contenu comme si vous personnalisiez votre bibliothèque ; dans la section « Colonnes partagées », sélectionner les colonnes que vous souhaitez que chacun des types de contenu dans l'ensemble de documents partage. Les colonnes partagées sont des colonnes en lecture seule pour les documents dans l'ensemble de documents ; elles peuvent être

modifiées uniquement pour l'ensemble de documents proprement dit. Lorsque des modifications sont apportées aux valeurs des colonnes partagées pour l'ensemble de documents, ces mises à jour sont synchronisées avec les valeurs de colonnes partagées. Dans la section « Colonnes de la page d'accueil », spécifier les colonnes à afficher dans la page d'accueil pour l'ensemble de documents.

12. Dans la section « Page d'accueil », cliquer sur [Personnaliser la page d'accueil] pour personnaliser l'apparence de la page d'accueil présentée aux utilisateurs pour chaque instance de l'ensemble de documents. Si vous souhaitez appliquer ces modifications de page d'accueil à un ensemble de documents qui hérite de cet ensemble de documents, activer la case à cocher en regard de « Mettre à jour la page d'accueil des ensembles de documents héritant de ce type de contenu ».

13. Dans la section « Mettre à jour les listes et les types de contenu du site », indiquer si vous souhaitez mettre à jour les types de contenu qui héritent de cet ensemble de documents avec les modifications que vous apportez.

14. Cliquer sur [OK].

Après avoir créé et configuré un type de contenu « Ensemble de documents », vous devez l'ajouter à la bibliothèque dans laquelle vous souhaitez que les utilisateurs créent leurs ensembles de documents.

Étape 2 : Déployer un type de contenu dans votre solution

AJOUTER LE TYPE DE CONTENU À VOTRE BIBLIOTHÈQUE

1. Dans « Paramètres de la bibliothèque » (ou de la liste), sous « Types de contenu » (la prise en charge du type de contenu doit avoir été activée ; voir ci-dessous), cliquer sur [Ajouter à partir de types de contenu de site existants]

Activer la prise en charge du type de contenu créé dans votre bibliothèque	Pour activer la prise en charge du type de contenu créé dans votre bibliothèque ou votre liste :
	1. Ouvrir la bibliothèque pour laquelle vous souhaitez ajouter votre type de contenu.
	2. Dans le ruban, cliquer sur l'onglet [Bibliothèque].
	3. Dans le groupe « Paramètres », cliquer sur [Paramètres de la bibliothèque].
	4. Dans la section « Paramètres généraux », sélectionner [Paramètres avancés].
	5. Dans la section « Types de contenu », cliquer sur [Oui] sous « Autoriser la gestion de types de contenu ».

2. Dans la section « Sélectionner des types de contenu », dans la liste « sélectionner des types de contenu », cliquer sur la flèche pour choisir le groupe de types de contenu de site dans lequel vous voulez opérer votre sélection.

3. Dans la liste « Types de contenu de site disponibles », cliquer sur le nom du type de contenu voulu, puis sur [Ajouter] pour déplacer le type de contenu sélectionné dans la liste « Types de contenu à ajouter ».

4. Pour ajouter des types de contenu supplémentaires, répéter les étapes 2 et 3.

5. Lorsque vous avez fini la sélection de tous les types de contenu voulus, cliquer sur [OK].

Le type de contenu ajouté est une copie de type de contenu de site	Ajouter un type de contenu consiste dans les faits à créer une copie du type de contenu créé au niveau du site ; il est donc possible de :

- personnaliser un type de contenu uniquement au niveau de l'APP dans laquelle il est créé ;

- modifier le type de contenu créé au niveau du site en choisissant de faire appliquer les mises à jour aux types de contenus « enfants ».

Update Sites and Lists

Specify whether all child site and list content types using this type should be updated with the settings on this page. This operation can take a long time, and any customizations made to the child site and list content types will be lost.

Update all content types inheriting from this type?
◉ Yes
○ No

Le cas échéant, modifier l'ordre ou le type de contenu par défaut du bouton « Nouveau document »

1. Cliquer sur [Paramètres de la bibliothèque].

2. Sous « Types de contenu », cliquer sur [Modifier l'ordre et le type de contenu par défaut] pour les nouveaux boutons.

   ✓ Pour supprimer un type de contenu sur le bouton « Nouveau document de la liste ou de la bibliothèque », désactiver la case à cocher « Visible ».

   ✓ Pour modifier l'ordre dans lequel un type de contenu apparaît sur le bouton « Nouveau », cliquer sur la flèche en regard de ce type de contenu dans la colonne « Position » à partir du haut, puis sélectionner le numéro d'ordre souhaité.

Supprimer un type de contenu

RETIRER UN TYPE DE CONTENU D'UNE BIBLIOTHÈQUE

Vous ne pourrez supprimer l'association entre le type de contenu et la bibliothèque si et seulement si aucun document de ce type n'existe :

1. Accéder à la liste ou la bibliothèque :

   ✓ Si vous utilisez une liste, cliquer sur l'onglet [Liste], puis sur [Paramètres de la liste] ;

   ✓ Si vous utilisez une bibliothèque, cliquer sur l'onglet [Bibliothèque], puis sur [Paramètres de la bibliothèque].

2. Sous « Types de contenu », sélectionner le nom du type de contenu à supprimer.

3. Sous « Paramètres », cliquer sur [Supprimer ce type de contenu].

4. Lorsque vous êtes invité à confirmer, cliquer sur [OK].

SUPPRIMER UN TYPE DE CONTENU D'UN SITE

Vous ne pourrez supprimer un type de contenu d'un site si et seulement si aucun document de ce type n'existe dans le site :

1. Aller sur « Paramètres du site » – « Types de contenu de site » – « Nom du type de Contenu à supprimer ».

2. Cliquer sur [Supprimer ce type de contenu de site] et confirmer.

> Dans quel contexte proposer aux utilisateurs d'**adopter les types de contenu ?**

Y a-t-il un choix à faire entre l'utilisation des types de contenu « Document » et les métadonnées documentaires ?

L'architecte fonctionnel d'une solution SharePoint doit nécessairement s'intéresser à la gestion documentaire existante : il faut identifier les types de documents, identifier les modèles bureautiques, déduire les mots utilisés pour qualifier les documents aux différents stades de traitement qu'ils traversent au cours de leur vie.

Il faut souvent s'asseoir à côté des utilisateurs pour cerner les flux de traitement et dépasser le classement trop statique en répertoires de fichiers, angle sous lequel nous avons jusqu'à présent abordé l'utilisation des fonctionnalités de gestion de métadonnées de SharePoint : métadonnées de navigation, métadonnées de traitement, métadonnées de classement pour archivage final sur les documents engageants, etc.

On apportera des métadonnées au document en fonction de l'étape dans le cycle de vie ; on ajoutera des métadonnées dès lors que le document présente une valeur supplémentaire par rapport à des documents de travail : documents de référence ou d'archives que l'on va trouver dans la zone d'informations de support.

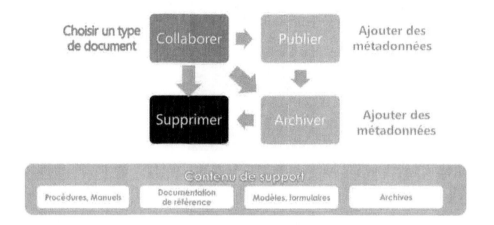

Par conséquent, on ajoutera des métadonnées dans les bibliothèques d'archives ou de références, de manière à faciliter la recherche.

Pour les espaces collaboratifs, j'aurais tendance à dire que la seule chose à demander aux utilisateurs est de faire sélectionner le type de document, parmi les types de document disponibles.

Comme pour les métadonnées, les utilisateurs pourront retrouver les types de document dans l'interface de présentation des résultats de recherche.

Et les types de contenu de liste ?

Les types de contenu vont vous permettre de mettre en place des règles de filtre et de routage précises. Je vous ai présenté les types de contenu sous l'angle documentaire, mais si le concept de « type de contenu » SharePoint ne se nomme pas « type de document », c'est parce que les types de contenu fonctionnent sur tous les types de listes SharePoint et que vous devez penser utiliser les types de contenu dans vos listes :

- Les utilisateurs du service Ressources humaines n'indexent pas de la même manière un CV, un compte rendu d'entretien et un dossier d'évaluation annuel ;

- Les utilisateurs d'une équipe Projet ne renseignent pas les mêmes champs lorsqu'il s'agit d'une réunion de négociation commerciale, de coordination et d'expertise ;

- Le service Communication ne saisit pas les mêmes champs de publication lorsqu'il publie une news de type carnet rose, annonce officielle ou une petite annonce ;

- Les commerciaux ne renseignent pas les mêmes informations sur leurs contacts quand il s'agit d'établir des fiches Partenaires, Prospects ou Clients.

Vous pouvez multiplier les listes mais pensez surtout à l'opportunité de construire des solutions sur des types de contenu, qui vous simplifieront l'évolution de vos données dans votre SharePoint. Dans le dernier exemple ci-dessus relatif aux fiches Contact, un prospect peut devenir un client en changeant tout simplement le type de contenu dans la même liste : vous gardez les informations mais vous changez facilement de formulaire, de Prospects à Clients, sans devoir ressaisir les informations d'une APP à l'autre !

L'organisateur de contenu

L'organisateur de contenu est un mécanisme qui applique des règles qui transfèrent des documents sur base de métadonnées et des types de contenu.

Dans « Administration du site » :

- L'organisateur de contenu est une fonctionnalité à activer par site ;
- La page « Paramètres de l'organisateur de contenu » sert à configurer l'organisateur de contenu du site ;
- Les règles de l'organisateur servent à définir le plan regroupant les règles de routage des documents ;
- Les règles vers d'autres sites ne sont possibles qu'après paramétrage sur la console d'administration centrale.

Notez que la bibliothèque de remise du centre des archives est configurée pour envoyer les documents dans la bibliothèque d'archives finales sur la base des règles que vous allez définir sur un type de contenu donné, avec des valeurs de colonnes données. Lorsque vous activez la fonctionnalité, la bibliothèque de remise possède la fonctionnalité de routage, activée et une entrée dans les paramètres de site permet d'apprendre à son SharePoint ses règles d'envoi automatiques, qui viennent compléter les règles de rétention qui étaient basées exclusivement sur des valeurs de date.

Du coup, si vous souhaitez envoyer des documents dans différentes zones, le besoin va se faire ressentir de déployer des ensembles de termes et des types de contenu entre plusieurs collections de site.

Déployer des ensembles de termes et des types de contenu entre plusieurs collections de sites

RENDRE UN ENSEMBLE DE TERMES DISPONIBLE POUR TOUTES LES COLLECTIONS DE SITES

Si vous vous positionnez sur la console d'administration d'Office 365 ou sur la console d'administration centrale du serveur, vous trouvez le magasin des termes qui peuvent alors être partagés entre collections de sites.

ACTIVER LE PARTAGE DE TYPES DE CONTENU ET LA PUBLICATION ENTRE COLLECTIONS DE SITES

Les types de contenu sont définis pour un site et appliqués à ce site et ses sous-sites ; depuis la version 2013 Server, ils peuvent être utilisés entre plusieurs collections de site.

Dans un scénario d'utilisation de plusieurs collections de site, le contenu peut être :

1. Construit dans une collection de sites collaborative de l'intranet ;

2. Publié dans une autre collection de site exposée sur l'extranet ou l'internet ;

3. Être stocké dans une collection de site d'archivage intranet.

Par conséquent, dès lors que vous souhaitez partager du contenu entre collections de sites, vous devrez activer la publication entre collections de site mais également paramétrer une collection de sites de manière à ce qu'elle centralise et distribue les types de contenu aux autres collections de sites.

Activer le partage de types de contenu entre collections de site

Pour cela, vous devez activer la fonctionnalité de « Concentrateur de syndication de type de contenu », en anglais « Content Type Syndication Hub ».

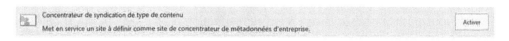

Pour activer la fonction de partage de types de contenu entre collections de sites :

1. Sur le site de niveau supérieur de la collection de sites de création, dans le menu « Paramètres », cliquer sur [Paramètres du site].

2. Dans la page « Paramètres du site », dans la section « Administration de la collection de sites », cliquer sur [Fonctionnalités de la collection de sites].

3. Dans la page « Fonctionnalités de la collection de sites », en regard de « Concentrateur de syndication de type de contenu », cliquer sur [Activer].

Activer la publication entre collections de site

Pour activer la publication entre collections de site :

1. Sur le site de niveau supérieur de la collection de sites de gestion des types de contenu, cliquer sur [Paramètres du site].

2. Dans la page « Paramètres du site », dans la section « Administration de la collection de sites », cliquer sur [Fonctionnalités de la collection de sites].

3. Dans la page « Fonctionnalités de la collection de sites », en regard de « Publication de collections intersites », cliquer sur [Activer].

5 | Je ne sais pas que je peux personnaliser le moteur de recherche de SharePoint pour créer des expériences utilisateurs adaptées

DES FONCTIONNALITÉS DE MOTEUR DE RECHERCHE À LA HAUTEUR DES ENJEUX POUR VOTRE ORGANISATION

Comme indiqué dans le titre de ce cinquième chapitre, nous allons découvrir des fonctionnalités avancées permettant de créer des expériences utilisateurs des plus adaptées. Le moteur de recherche de SharePoint est un élément central depuis son édition 2013.

Le moteur de recherche représente, pour vous décideur, concepteur ou développeur, un atout important à intégrer dans votre stratégie de déploiement de vos nouvelles solutions d'intranet ou de plateforme collaborative car il démontrera indéniablement aux utilisateurs une augmentation de la valeur d'usage de leur environnement de travail.

Ces utilisateurs sont demandeurs d'une solution de moteur de recherche d'entreprise, puisque, sans moteur de recherche d'entreprise, il est estimé à huit heures par semaine le temps passé à rechercher de l'information dans son système d'information, confrontés à deux problèmes bien connus depuis une bonne dizaine d'année :

- Un déluge d'information ; avant que l'on évoque la montée du Big Data et l'explosion de l'internet des objets connectés, Forrester Research estimait la croissance du volume du contenu à traiter en progression de 200 % par an[14] ; désormais, 90 % des contenus d'information existants auraient moins de 2 ans...

- Un désordre informationnel ; Fulcrum Research[15] estimait que 80 % des contenus

---

14 Forrester Research 2008
15 Fulcrum Research 2008

d'entreprise étaient non structurés, ce qui contribuait à l'abandon d'une recherche sur deux, avec les impacts que l'on imagine au niveau de la qualité...

Je vous laisse le soin de multiplier huit heures par semaine de productivité perdue par le nombre de collaborateurs de votre organisation pour bien peser les enjeux de productivité, estimer les coûts cachés et justifier que l'on s'attarde sur les riches fonctionnalités de personnalisation de la recherche que votre SharePoint Server ou Online permettent.

Avec SharePoint, vous n'avez donc pas besoin d'aller chercher un outil tiers pour faire émerger le moteur de recherche unique du système d'information de votre entreprise : acheté en 2008 le moteur de recherche FAST a été complètement intégré à SharePoint depuis son édition 2013 (le « Magic Quadrant » de Gartner positionnait alors Microsoft comme leader sur le marché des moteurs de recherche d'entreprise[16]).

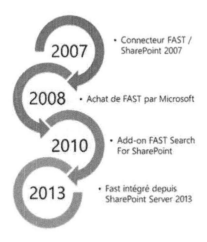

2007 • Connecteur FAST / SharePoint 2007

2008 • Achat de FAST par Microsoft

2010 • Add-on FAST Search For SharePoint

2013 • Fast intégré depuis SharePoint Server 2013

16 Magic Quadrant for Information Access Technology - Gartner Research, Sept. 30, 2008

Facile d'usage, pratique, accessible, apportant de la valeur en retournant toutes les informations pertinentes : vos utilisateurs attendent de leur futur outil de travail professionnel l'absolue nécessité de pertinence qualifiant les résultats retournés, contrairement à ce que les utilisateurs ont davantage tendance à tolérer avec les moteurs de recherche internet, qui injectent dans les « résultats retournés » des enjeux de régie publicitaire, annihilant de ce fait la pertinence et la pleine confiance que l'on pouvait mettre dans l'outil.

Non seulement, les utilisateurs de votre le moteur de recherche attendent de la pertinence (respect de l'exactitude textuelle par rapport à la requête saisie dans le champ de recherche) mais plus encore... : les suggestions de recherche, la recherche floue (prise en compte des concepts recherchés en intégrant leurs synonymes et leurs acronymes), une interface permettant de filtrer les résultats sans devoir les consulter...

SharePoint possède ainsi un moteur de recherche parmi les plus performants du marché à tel point qu'il m'est arrivé de réaliser des projets de « moteur de recherche d'entreprise unifié Microsoft » sans même citer le nom de SharePoint.

Avant de découvrir l'interface riche, les utilisateurs seront rassurés de savoir qu'ils possèdent avec SharePoint un puissant moteur d'indexation.

Un puissant moteur d'indexation **avant d'être un moteur de recherche**

Pour faciliter la vulgarisation de la capacité d'indexation de SharePoint, je me suis d'abord dit que je choisirais bien le détective belge Hercule Poirot, au regard de mon patronyme !! Malheureusement, en me penchant également sur la façon de procéder du héros habitant le 221B Baker Street, force a été de constater qu'avec SharePoint, on possède avant tout un véritable « Sherlock Holmes dans son système d'information », qui assistera nos utilisateurs dans la résolution de leur recherche : comme Sherlock Holmes avec son relevé d'indices, SharePoint prend en compte les contenus SharePoint (fichiers et métadonnées) de façon complète, précise[17] et exhaustive, avant de restituer les résultats dans le strict respect des droits d'accès. C'est à partir de ces index ainsi constitués et en permanence mis à jour que le moteur de recherche effectue les recherches des utilisateurs.

À quelle fréquence sont mis à jour les index ?	Le moteur d'indexation de SharePoint complète ses index avec les nouveaux contenus, de façon incrémentale toutes les 10 minutes sur SharePoint Online ; sur les versions Serveur, les administrateurs qui accèdent à la console d'administration centrale, peuvent non seulement adapter cette règle mais également décider de la planification de la ré-indexation complète, qu'il est conseillé de réaliser une fois par semaine.

---

17 Par défaut, le contenu des fichiers est indexé jusqu'à 64 Mo et 3 Mo pour les fichiers Excel (sur SharePoint Server, il est possible de porter ces limitations jusqu'à 1 024 Mo.)

Comme SharePoint possède un cadre de connecteur ainsi qu'un cadre de développement de vos propres connecteurs, vous pouvez utiliser SharePoint pour indexer des sources de données externes (de type serveurs d'application ou bases de données) et faire ainsi de lui le moteur de recherche unifié de votre système d'information, permettant ainsi d'envoyer Sherlock Holmes sur des « scènes de recherche » en dehors de SharePoint. Après Sherlock Holmes, j'ai fini par prendre en compte la façon Hercule Poirot pour la simple et bonne raison que votre SharePoint est une machine apprenante centrée sur l'utilisateur. SharePoint ne va pas se concentrer sur le profil psychologique de ses utilisateurs mais va néanmoins prendre en compte ses motivations en créant des index de recherche personnalisés par utilisateur : en effet, SharePoint procède à une historisation et une analyse de l'interaction entre l'utilisateur et le moteur de recherche au niveau des requêtes et du contenu consulté. Comme la pertinence est relative (la pertinence d'un résultat de recherche n'est perceptible que par l'auteur de la requête), SharePoint construit des suggestions mais également présente des résultats en fonction des recherches passées et des données de contexte ; comme les données sociales[18] de l'utilisateur, dans le strict respect de son contexte applicatif. Il est clair que, si on n'explique pas que SharePoint peut présenter des résultats de recherche différents à deux utilisateurs ayant pourtant saisi une requête identique, le ressentiment des utilisateurs (et des opérateurs du support...) peut être négatif. On estime à trois à quatre mois d'utilisation le temps nécessaire à la mise en place des index de recherche de SharePoint, lesquels peuvent représenter jusqu'à 20 % de données supplémentaires par rapport au stockage des informations.

---

18 Les données de profil et autres données « sociales » sont abordés dans le chapitre 7 du tome 2 de ce livre.

Une expérience utilisateur pour **faciliter la recherche**

Ce que l'utilisateur perçoit de prime abord du moteur de recherche de SharePoint, ce sont bien entendu ses interfaces, lesquelles ont vocation à offrir des fonctionnalités d'assistance tout au long des étapes de réalisation de sa tâche de recherche :

- Sur la page de saisie de la recherche simple,

- Sur la page de tri des résultats de recherche.

Sur la page de saisie de la recherche

Sur la page de saisie de la recherche, l'utilisateur va constater que SharePoint lui propose des suggestions de recherche : dès lors que l'utilisateur effectue la saisie d'au moins deux caractères, SharePoint propose des mots complets ou des expressions comme lorsque l'on bénéficie de l'autocomplétion dans un champ de formulaire.

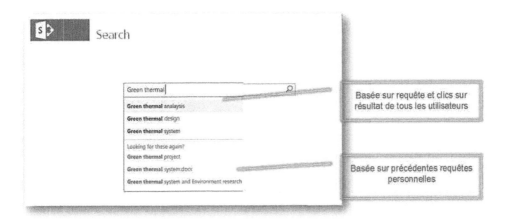

Comme l'a montré l'écran ci-avant, c'est en fait un double système de suggestion de recherche qui existe :

- Des suggestions par rapport aux mots et expressions précédemment recherchés par l'ensemble des utilisateurs ;

- Des suggestions par rapport aux mots et expressions précédemment recherchés par l'utilisateur (nous l'appelons « utilisateur actif ») ; cette suggestion de recherche personnelle démontre que SharePoint utilise l'index personnel de l'utilisateur.

Au démarrage, vous allez constater que rien ne sera suggéré...

C'est normal car SharePoint a besoin d'un certain temps d'utilisation effectif avant d'être en mesure de faire des suggestions « pertinentes » ; en effet, SharePoint construit sa liste de suggestion de recherche au fur et à mesure des recherches lancées par les utilisateurs : le mot-clé (ou l'expression) est enregistré et comptabilisé au niveau du nombre de fois que la recherche a été lancée et que l'utilisateur a cliqué au minimum cinq fois sur un résultat lié au mot-clé (par langue).

Autrement dit, c'est après cinq ouvertures de documents à partir d'une même recherche que le double système de suggestion de recherche s'enrichit d'une suggestion « pertinente ».

Sur la page de présentation des résultats de recherche, on peut constater que l'interface est portée sur la facilité d'usage grâce à deux types de fonctionnalités :

- Des filtres et des suggestion contextuels,
- La légende de prévisualisation des éléments et le ciblage des termes recherchés.

Dans le pied de page, le lien « M'avertir » indique à l'utilisateur qu'il lui est possible d'enregistrer sa requête de recherche et d'être averti par e-mail lorsqu'un nouvel élément apparaît dans la page de résultat ou un élément présent dans cette page est modifié.

DES FILTRES ET DES SUGGESTIONS CONTEXTUELS

SharePoint propose des filtres et des suggestions (rappels des contenus précédemment consultés, comme lors des suggestions de recherche personnelles) « contextuels », i.e. en fonction des résultats que le moteur de recherche « remonte » de ses index.

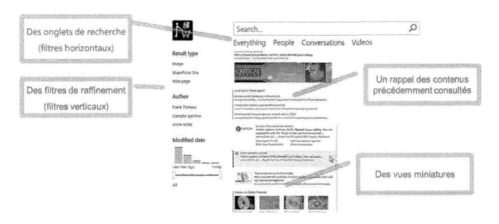

LA LÉGENDE DE PRÉVISUALISATION DES ÉLÉMENTS ET LE CIBLAGE DES TERMES RECHERCHÉS

Sur la page précédente, nous avons vu que SharePoint proposait des vues miniatures ; il propose aussi au survol de la souris de bénéficier de la légende de documents, qui comprend, en plus d'actions contextuelles en fonction du type de document :

- Un aperçu de document sur les fichiers Office et PDF si les Office Web Apps sont installés ;

- Une liste de liens directs dans le contenu du document ou sur des éléments liés à l'élément ;

- Des métadonnées bureautiques et « sociales » de SharePoint concernant un fichier (par exemple, le nom des contributeurs, la date de dernière modification, les informations de popularité « consultation sur clic » sur les deux dernières semaines) ;

- Des informations de « profil social » concernant un utilisateur SharePoint car le moteur de recherche permet d'effectuer des recherches sur les collaborateurs pour identifier des expertises lorsque l'on clique sur l'onglet « Personnes » (« People » en anglais).

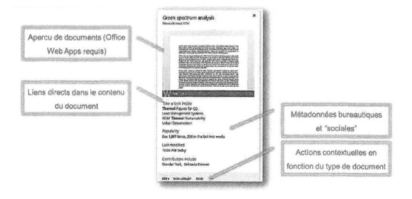

PERSONNALISER « VOTRE » MOTEUR DE RECHERCHE

Dans la section précédente, nous avons présenté les enjeux organisationnels, les attentes fortes et souvent tacites des utilisateurs, les fonctionnalités existantes de base et ses facultés de machine apprenante du moteur de recherche de SharePoint.

Malgré cela, il est nécessaire d'adapter le moteur de recherche à la solution que vous avez conçue et éventuellement au contexte sémantique de votre organisation, en vous posant les questions relatives à la pertinence.

Néanmoins, la pertinence du moteur de recherche est un projet de déploiement sur-mesure :

- Un moteur de recherche installé et non adapté à votre organisation risque d'être en décalage avec les besoins de vos utilisateurs tant au niveau du traitement des contenus indexés (synonymie, acronymie, etc.) qu'au niveau des interfaces (sites, formulaires de recherche avancée, interface de présentation des résultats de recherche) ;

- Souvent négligé, le travail d'analyse nécessaire pour adapter le moteur de recherche au contexte de votre organisation n'est pas un vaste sujet puisque vous avez déjà fait l'essentiel du travail lors de la conception de la solution.

La personnalisation du moteur de recherche fait partie du projet, en fonction de l'architecture de votre solution (collections de sites, sites, APPs, types de contenu, métadonnées gérées) :

- Vous retrouvez l'idée que SharePoint est un produit à « finir soi-même », que vous devrez personnaliser en fonction de votre organisation pour lui permettre d'atteindre vos objectifs de productivité liée à la suite Office ;

- Vous capitaliserez simplement sur le travail de structuration réalisé lors des phases d'architecture de la solution en termes de navigation et d'ajout de métadonnées ; les utilisateurs comprendront d'autant d'ajouter des tags documentaires si vous leur offrez logiquement la possibilité de rechercher à partir de ces tags.

Derrière tout projet SharePoint, il y a donc un projet de personnalisation de moteur de recherche qui peut se réaliser au travers de bon nombre d'actions de paramétrage avancé, accessible avec les permissions de concepteur, de propriétaire ou d'administrateur de collections de site :

- Personnaliser les index,

- Personnaliser les interfaces.

Un autre niveau de personnalisation de la recherche peut être effectué avec des niveaux de droit nécessitant de se rendre sur la console d'administration centrale (SharePoint Server ou Office 365) ou par des développeurs en charge de la personnalisation des interfaces.

Personnaliser les index

Personnaliser les index est un travail de conception fonctionnel mais toutes les fonctionnalités ne sont pas disponibles pour les administrateurs de collection de sites ni les propriétaires de sites :

- Exclure certains contenus de la recherche,

- Personnaliser les suggestions de recherche,

- Enrichir les entités de votre jargon d'entreprise, de vos synonymes et acronymes.

Voyons avant cela comment indexe SharePoint, comment fonctionne la pertinence et ce que fait SharePoint de nos colonnes de métadonnées...

LE PROCESSUS D'INDEXATION DÉTAILLÉ

ÉTAPES D'INDEXATION	EXPLICATION
CONVERSION VERS DES FORMATS TEXTUELS	Par exemple, SharePoint et Office 2013 ouvrent les fichiers PDF.
DÉTECTION DE LANGUE	Par rapport aux dictionnaires standards de SharePoint
TOKENISATION	Par rapport aux dictionnaires standards de SharePoint, segmentation en mots et groupes de mots idéalement
LEMMATISATION	Par rapport aux dictionnaires standards de SharePoint, identification du radical du mot (genre, nombre, conjugaison retirés)
EXTRACTION D'ENTITÉS	On peut retirer les « entités », i.e. les concepts identifiés, sans les mots vides, (par rapport aux dictionnaires standards de SharePoint).
NORMALISATION DES FORMATS DATE ET HEURE	Traitement des dates par rapport aux différentes langues identifiées (une recherche sur une date en français permet d'obtenir une réponse pertinente sur des documents en date anglaise : 25/12 ; 12/25).
VECTORISATION DE DOCUMENT	Identifie et prend en compte la structure logique des documents
WEB LINK ANALYSIS	Analyse la longueur du lien depuis la racine de la collection de sites jusqu'à l'élément indexé.
MAP CRAWL PROPERTIES	Prise en compte des propriétés de document (métadonnées bureautiques)

SHAREPOINT INDEXE NATURELLEMENT EN RECHERCHE « PLEIN-TEXTE » STRUCTURÉE

SharePoint possède les fonctionnalités les plus avancées des logiciels de moteur de recherche d'entreprise ; pour au moins deux raisons inhérentes à son architecture technique, SharePoint effectue une indexation structurée de l'information :

- Un document placé dans un espace de travail dédié est automatiquement indexé comme élément de cet espace ; les noms de site, d'APPs mais également l'URL sont indexés ;

Rappels et astuce	
	▪ Pour changer les noms dans SharePoint, utiliser la page « Nom et Titre » des paramètres avancés de site, de liste et de bibliothèque ;
	▪ Pour changer les noms apparaissant dans les URL :
	✓ D'un site, cliquer sur [Paramètres du site] puis sur [Titre, description et logo] ; vous pouvez modifier l'URL des sous-sites, pas du site racine (ni de la collection de sites sur SharePoint Online) ;
	✓ D'une APP, utiliser Windows Explorer pour ouvrir une APP bibliothèque puis remonter dans l'URL sur le site pour afficher le contenu ; modifier le nom de l'APP comme pour un fichier dans Windows.

- Naturellement, le moteur de recherche permet la recherche plein texte ; pour la recherche floue, saisir le caractère * au milieu ou en fin de mot ;

- SharePoint prend en compte la structuration des documents et des métadonnées ajoutées ;

- SharePoint respecte les contenus nativement structurés par les utilisateurs :

    ✓ Le titre d'un document Word (métadonnées bureautiques) est aussi un titre de document SharePoint (métadonnées SharePoint) ;

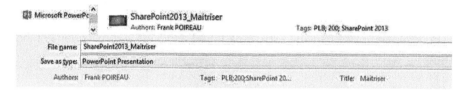

    ✓ SharePoint prend en compte la structure logique du document concernant les niveaux de titre structurés à l'intérieur des fichiers ;

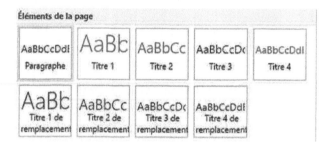

    ✓ SharePoint prend en compte l'indexation quantitative : plus l'occurrence (le nombre d'apparition de l'unité lexicale) est élevée, mieux le document est référencé.

LE CALCUL DE LA PERTINENCE

Toute valeur égale par ailleurs :

- L'information la plus récente (fraîcheur),

- Le nombre de clics d'ouverture (la popularité),

- La longueur de l'URL,

- Le positionnement du mot dans la structure logique du document (titre et autres colonnes, titre du document, titre 1, titre 2, titre 3, corps du texte...).

Quel est le poids des métadonnées dans le calcul de la pertinence ?

Si le descripteur de taxonomie ne figure pas dans le contenu du texte ou si la fréquence du mot est basse (occurrence - l'approche quantitative, établie sur la pertinence statistique), alors il peut être nécessaire d'indexer « à la main » à l'aide des métadonnées (l'approche qualitative), comme vu au chapitre 4.

Ajouter des métadonnées est nécessaire dans SharePoint pour décrire des fichiers images, vidéos et documents scannés sans OCR.

Quoi qu'il en soit, toute colonne de métadonnée prise en compte par le moteur de recherche aura logiquement le même « poids » que le nom d'une page ou d'un fichier...

Adapter les paramètres liés à l'indexation

Ajouter des colonnes à des listes ou à des bibliothèques est un travail de conception fonctionnel mais toutes les fonctionnalités présentées ci-dessous ne sont pas disponibles pour les administrateurs de collection de sites ni les propriétaires de sites :

- Exclure certains contenus de la recherche,
- Ajouter vos nouvelles colonnes de métadonnées,
- Apprendre votre jargon d'entreprise, vos synonymes et acronymes à SharePoint.

EXCLURE CERTAINS CONTENUS DE LA RECHERCHE

Certains contenus SharePoint peuvent facilement être retirés de l'affichage des résultats de recherche :

- Un site,
- Les WebParts déployés sur le site,
- Une APP,
- Une colonne de site.

Exclure un site

Pour exclure le site et son contenu de l'affichage des résultats de recherche :

1. Cliquer sur [Paramètres du site].

2. Dans le menu « Rechercher », cliquer sur [Disponibilité du mode hors connexion et de la recherche] et, concernant le paramètre « Indexation du contenu du site », à la question « Voulez-vous autoriser l'affichage de ce site dans les résultats de recherche ? », cliquer sur [Non].

Dans quel contexte utiliser cette fonctionnalité d'exclusion de la recherche ?	La possibilité d'exclure un site et l'ensemble de son contenu de la recherche peut servir dans au moins deux cas de figure : ✓ Le site « passerelle », ✓ Le site « fantôme ».

Créer un site « passerelle »	Créer un site « fantôme »
Le webmaster peut avoir besoin de créer un site qui n'existera que pour constituer le chemin d'accès (site « naturellement indexé » par l'URL)[19] ; dès lors, à l'instar du répertoire dans le serveur de fichiers utilisé principalement comme seuil d'accès à d'autres sous-répertoires.	Le Community Manager peut avoir besoin de créer un site qui n'existera qu'au travers de ses liens de navigation mais qui ne figurera pas dans les index de recherche ; dès lors, cette fonctionnalité est utile lors de la gestion de crise de type e-réputation, associé à des dispositifs d'« enfouissement »...

---

19 Cf. Chapitre 4 | Je me suis contenté de reproduire les répertoires de mon serveur de fichiers dans mon SharePoint - Les métadonnées « naturelles » de SharePoint

Exclure les WebParts d'un site des résultats de recherche

Pour exclure les WebParts des résultats de recherche :

1. Cliquer sur [Paramètres du site].

2. Dans le menu « Rechercher », cliquer sur [Disponibilité du mode hors connexion et de la recherche] et, concernant le paramètre, en regard de l'indexation du contenu des pages ASPX, cliquer sur la case à cocher correspondant à votre choix.

Ce site contient des permissions affinées. Spécifiez le comportement d'indexation des pages ASPX du site :
- ○ Ne pas indexer les composants WebPart si ce site contient des permissions affinées
- ○ Toujours indexer les composants WebPart de ce site
- ◉ Ne jamais indexer les composants WebPart de ce site

Dans quel contexte utiliser cette fonctionnalité d'exclusion de la recherche ?	La possibilité d'exclure tous les WebParts d'un site de la recherche peut s'avérer utile dès lors que l'on se rend compte que non seulement les éléments des APPs mais également l'affichage de ces éléments dans les WebParts apparaissent dans les résultats de recherche. Du coup, pour éviter qu'ils n'apparaissent en double, il peut s'avérer judicieux de choisir entre faire apparaître les éléments *via* les WebParts ou *via* les APPs comme ci-après.

Exclure une bibliothèque ou autre liste des résultats de recherche

Pour exclure une bibliothèque ou autre liste des résultats de recherche :

1. Au niveau de votre APP, cliquer sur [Paramètres de bibliothèque ou autre liste].

2. Pour exclure l'ensemble du contenu d'une liste/bibliothèque, dans la section « Paramètres généraux », cliquer sur [Paramètres avancés].

3. En regard du champ « Rechercher – Autoriser l'affichage des éléments du composant bibliothèque de documents dans les résultats de recherche ? », cliquer sur [Non].

Rechercher

Spécifiez si le composant bibliothèque de documents doit être visible dans les résultats de

Autoriser l'affichage des éléments du composant bibliothèque de documents dans les résultats de recherche ?

◉ Oui ◯ Non

Dans quel contexte utiliser cette fonctionnalité d'exclusion de la recherche ?	La possibilité d'exclure une APP de la recherche peut être utile pour retirer des résultats tirés d'une APP « peu fonctionnelle », i.e. peu en rapport avec les contenus d'information susceptibles de faire l'objet d'une recherche de la part des utilisateurs. Par exemple, l'APP Pièces jointes (« Site Assets » en anglais) n'est a priori utilisée que pour classer les éléments de site non textuels insérés dans les pages... Du coup, tous les visiteurs du site qui possèdent par défaut le droit de visualiser le logo du site (enregistré dans les éléments de site) ne le verraient cependant pas apparaître dans les résultats de recherche... Comme vous le comprenez à travers cet exemple, cette fonctionnalité ne doit en aucun cas être utilisée pour se substituer à la gestion des permissions utilisateur.

Exclure certaines colonnes de sites de l'indexation

Pour exclure certaines colonnes de sites :

Rechercher
Origines des résultats
Types de résultats
Règles de requête
Schéma
Paramètres de recherche
Colonnes pouvant faire l'objet d'une recherche
Disponibilité du mode hors connexion et de la recherche
Importation de la configuration
Exportation de la configuration

1. Cliquer sur [Paramètres du site].

2. Dans le menu « Rechercher », cliquer sur [Colonnes pouvant faire l'objet d'une recherche].

3. Décocher la(es) colonne(s) à exclure de l'affichage des résultats et enregistrer.

Dans quel contexte utiliser cette fonctionnalité d'exclusion de la recherche ?	La possibilité d'exclure des colonnes de site de la recherche peut être utile pour ignorer des colonnes ne possédant pas d'intérêt pour un utilisateur effectuant une recherche : par exemple, une colonne de statut de type Oui/Non ne présentera pas d'intérêt à figurer comme élément pouvant faire l'objet d'une recherche même si elle restera affichée dans l'élément.

Vos nouvelles colonnes de métadonnées

Nous avons vu, au chapitre 4, les possibilités d'ajouter des informations descriptives en utilisant les fonctionnalités de SharePoint plutôt que de reproduire une hiérarchie de répertoire comme sur l'ancien serveur de fichiers.

Néanmoins, lorsque vous concevez une solution, vous devez prendre en compte les informations suivantes relatives à la recherche :

- Concernant les colonnes de métadonnées « documentaires » de SharePoint, ajoutées en tant que colonnes de liste/bibliothèque,
- Concernant les colonnes de type « métadonnées gérées »,
- Concernant les colonnes de métadonnées « documentaires » de SharePoint, ajoutées en tant de colonnes de sites,
- Concernant les types de contenu.

Concernant les colonnes de liste/bibliothèque

Hormis la colonne de type « métadonnées gérées » abordée ci-après, toute nouvelle colonne de liste ou de bibliothèque SharePoint doit être ajoutée et gérée dans le « schéma de recherche » pour qu'elle soit prise en compte par le moteur de recherche :

- En tant que colonne « cherchable », critère d'apparition des éléments dans les résultats de recherche,
- Plus simplement colonne utilisée comme filtre de recherche.

Concernant les colonnes de type « métadonnées gérées »

Concernant les colonnes de métadonnées gérées, ce type de colonne correspond à la seule exception à la règle concernant les colonnes de bibliothèque et de liste : en effet, les colonnes de métadonnées gérées pointent vers des ensembles de termes stockés dans le magasin de termes, lequel est automatiquement « géré » dans le schéma de recherche.

Concernant les colonnes de site

Concernant les colonnes de site, comme les colonnes de type « métadonnées gérées », elles sont par défaut gérées dans le schéma de recherche.

Concernant les types de contenu

Concernant les types de contenu, comme ils sont constitués de colonnes de sites, leurs colonnes de métadonnées sont par défaut gérées dans le schéma de recherche.

Schéma de recherche	Pour consulter le statut de réutilisation des colonnes par les utilisateurs dans la recherche SharePoint :
	1. Cliquer sur [Paramètres du site].
	2. Dans le menu « Rechercher », cliquer sur [Schéma].
	3. L'interface de visualisation du schéma de recherche s'ouvre ; les colonnes ajoutées commencent par « OWS ».
	Seuls les ayants droit « Administrateur batterie de serveurs » (Console Admin ou Office 365) peuvent ajouter de nouvelles colonnes « analysées » en tant que « colonnes gérées » et modifier les paramètres relatifs à leur réutilisation.

L'AJOUT DE MÉTADONNÉES

Les limites de l'indexation manuelle

Concernant l'ajout de métadonnées documentaires par les contributeurs, je recommande :

- Trois champs d'indexation manuels au maximum,

- Des champs « obligatoires » et non pas « facultatifs ».

Néanmoins, à l'usage, il n'est pas rare de relever les problèmes suivants :

- Le magasin de termes n'écarte pas le risque d'erreur d'indexation, d'autant plus si l'arbre de taxonomie est complexe et profond ce qui fait d'autant supporter la qualité de l'indexation sur les collaborateurs et leur « état de forme du moment » ;

- À la longue, le travail d'indexation « manuel » est toujours considéré comme fastidieux et la qualité finit toujours par s'en ressentir.

L'ajout automatique de métadonnées documentaires

Le dictionnaire d'entités extraites (mots et expressions) réalisé à partir de vos métadonnées et métadonnées gérées va vous permettre non seulement de partir à la conquête de vos contenus au départ non structurés mais également de personnaliser les dictionnaires de votre moteur de recherche :

- Réimporter les entités extraites de vos contenus et des dictionnaires en ajoutant vos propres synonymes (jargons « Métier », acronymes, noms et codes produits...) de manière à proposer aux utilisateurs la recherche « floue » ;

- Importer vos propres mots-clés en tant qu'entité, le cas échéant.

Avec la personnalisation des entités extraites, plus de fatalité « métadonnées documentaires = indexation manuelle » avec ses inconvénients. SharePoint et son moteur de recherche permettent de :

- Proposer aux utilisateurs la recherche floue en prenant en compte les synonymes et les acronymes ;

- Mettre en place une stratégie d'indexation « la plus automatisée ».

| Possible sur Office 365 mais uniquement en mode hybride avec SP2016 | Il n'est pas possible de réaliser ces tâches sur SharePoint Online d'Office 365 car ces fonctionnalités d'administrateur de serveur SharePoint ne sont pas accessibles. |

La version SharePoint 2016 permet le fonctionnement en mode hybride, ce qui permet de modifier les dictionnaires et traiter des données hébergées sur SharePoint Online (les index de recherche sont alors sur votre serveur).

Avec un SharePoint Server installé (en local ou en hybride), il est ainsi possible d'« apprendre » à SharePoint son propre jargon (acronymes, synonymes) dans les packs de langues que vous utilisez.

Personnaliser les **interfaces**

Personnaliser les interfaces consiste à se poser la question en termes d'architecture fonctionnelle de solution de recherche (un ou plusieurs sites de recherche ?), de personnalisation des pages de recherche simple, avancée et résultats.

Quelle architecture de recherche ?

COMMENT FONCTIONNE LE MOTEUR DE RECHERCHE EN TERMES D'INTERFACES ET DE NAVIGATION ?

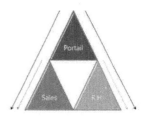

Par défaut, le moteur de recherche de SharePoint fonctionne en mode multidimensionnel « regardant toujours vers le bas », dans le respect des droits de lecture utilisateurs :

- Lorsqu'un utilisateur effectue une recherche dans le site portail, le moteur de recherche restitue des résultats relatifs au contenu du site portail mais également des sites Sales et RH ;

- Lorsqu'un utilisateur effectue une recherche dans le site Sales, le moteur de recherche restitue des résultats relatifs au contenu du site Sales ;

- Lorsqu'un utilisateur effectue une recherche dans le site RH, le moteur de recherche restitue des résultats relatifs au contenu du site RH.

Dans ces sites de recherche, par défaut, vous ne pourrez personnaliser ni le formulaire de recherche avancée, ni les interfaces de présentation des résultats de recherche : pour personnaliser la recherche, il vous faudra créer un site de recherche d'entreprise. Personnaliser la recherche peut consister à créer un centre de recherche unifié (peu importe de quel site l'utilisateur effectue la recherche, sa recherche sera traitée sur le centre de recherche unifié) ou à créer des sites de recherche personnalisés.

CRÉER UN SITE DE RECHERCHE PERSONNALISÉ

Le centre de recherche unifié

Il est possible de configurer un centre de recherche unifié pour plusieurs sites ou pour plusieurs collections de sites (par défaut sur Online, vous disposez d'une collection de site « .../search/ » qui est personnalisable). Si vous souhaitez utiliser cette collection de site de recherche dédiée, il vous faut indiquer à votre collection de sites ou votre site que vous souhaitez remplacer le site de recherche par défaut en indiquant l'adresse de destination où envoyer les requêtes utilisateur :

- Dans les paramètres de site, dans la section « Recherche » du site ou dans le menu d'administration de la collection de sites (pour tous les sites), cliquer sur [Paramètres de recherche].

- Définir les paramètres du centre de recherche vers lequel les requêtes de recherche seront désormais envoyées.

Site Settings › Search Settings

Use this page to configure how Search behaves on this site. The shared Search Box at the top of most pages will use these settings. Note: A change to these settings may take up to 30 minutes to take effect.
Change search behavior for this site collection and all sites within it.

Enter a Search Center URL

When you've specified a search center, the search system displays a message to all users offering them the ability to try their search again from that Search Center.

Search Center URL:

Example: /SearchCenter/Pages or http://server/sites/SearchCenter/Pages

Which search results page should queries be sent to?

Custom results page URLs can be relative or absolute.

URLs can also include special tokens, such as {SearchCenterURL}. This token will be replaced by the value in the "Search Center URL" property. If the value in this property ever changes, any URL using the token will update automatically.

Example:
{SearchCenterURL}/results.aspx

☐ Use the same results page settings as my parent.
○ Send queries to a custom results page URL.
Results page URL:

Example: /SearchCenter/Pages/results.aspx or http://server/sites/SearchCenter/Pages/results.aspx

◉ Turn on the drop-down menu inside the search box, and use the first Search Navigation node as the destination results page.

Au moins trois cas de figure existent dès lors que vous avez déployé un centre de recherche unifié :

- Envoyer toutes les recherches vers le centre de recherche unifié, de façon automatique et invisible pour l'utilisateur ;

- Envoyer certaines recherches de site ou de collection de site vers le centre de recherche unifié, de façon automatique et invisible pour l'utilisateur ;

- N'envoyer aucune recherche vers le centre de recherche unifié, de façon automatique et invisible pour l'utilisateur mais proposer à l'utilisateur le lien vers le site de recherche unifié.

LE CENTRE DE RECHERCHE « MÉTIER »

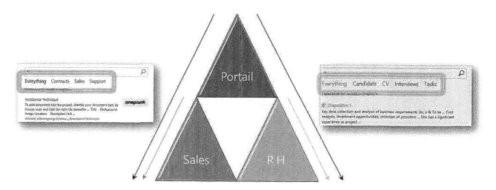

Dans l'exemple ci-dessus, le département commercial à gauche n'aura pas les mêmes besoins que le service Ressources humaines ou la recherche au niveau du portail. Comme il est possible de personnaliser les interfaces en créant des sites de recherche, il vous faut créer un site de recherche spécialisé à partir du modèle de site « Recherche d'entreprise », dans la catégorie « Entreprise ».

- Au niveau de votre site, cliquer sur [Contenu du site] et créer un sous-site de recherche d'entreprise (le seul personnalisable au niveau des interfaces) ;

- De retour au niveau du site parent, dans la section « Rechercher », cliquer sur [Paramètres de recherche] ;

- Définir les paramètres du centre de recherche (URL et adresse de la page de destination vers laquelle les requêtes de recherche seront désormais envoyées) ; ce paramètre prévaudra sur le paramètre indiqué au niveau de la collection de sites.

Personnaliser la page de recherche simple

Seuls les administrateurs serveur (Console Admin) ou Office 365 peuvent personnaliser les suggestions.

La fonctionnalité d'autocomplétion proposant les suggestions fonctionne par défaut sur SharePoint mais elle se met progressivement en place, à partir de cinq requêtes d'utilisateurs ayant abouti sur un clic d'ouverture à partir d'une même requête : ce paramètre et la remise à zéro du dictionnaire sont paramétrables sur la console d'administration d'un serveur SharePoint.

Certains projets nécessitent de démarrer immédiatement avec des suggestions, basées sur un dictionnaire d'un ancien moteur de recherche, qu'il faut alors importer, ou en rapport avec l'expérience de navigation utilisateur que l'on souhaite créer (en couplant, par exemple, des termes suggérés avec des résultats promus, fonctionnalité présentée ci-après...).

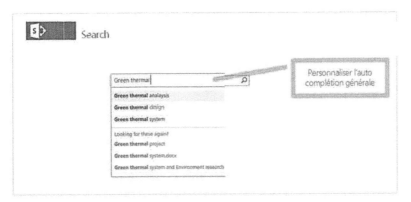

Personnaliser la page de recherche avancée

Plus vraiment à la mode depuis la généralisation de l'utilisation des moteurs de recherche sur internet et sur les téléphones de dernière génération, la personnalisation de l'interface de recherche avancée fait partie de la réflexion quant à l'opportunité de personnaliser le formulaire standard de SharePoint, très généraliste et donc éloigné de l'organisation de votre information. Ce formulaire peut être personnalisé par type de contenu et proposer de cibler des propriétés de documents (métadonnées du magasin de termes), au moment de la préparation de la requête.

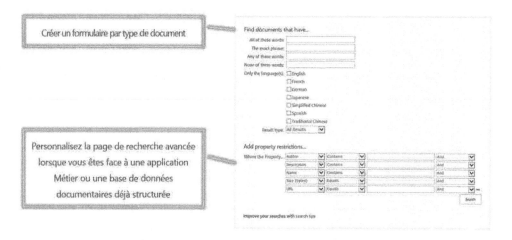

Créer un formulaire par type de document

Personnalisez la page de recherche avancée lorsque vous êtes face à une application Métier ou une base de données documentaires déjà structurée

Un travail avec un développeur	La personnalisation de l'interface de recherche avancée s'effectue avec les droits de concepteur de page : la personnalisation de l'interface peut s'effectuer sans développement informatique mais nécessite une expérience significative en paramétrage avancé de composants WebParts basés sur la recherche (profil : développeur SharePoint).

Personnaliser la page de présentation des résultats

SharePoint possède énormément de possibilités quant à la personnalisation de l'interface de présentation des résultats tant au niveau fonctionnel qu'au niveau effet visuel car, en parallèle de l'intégration du moteur de recherche FAST à l'édition 2013, SharePoint a bénéficié de la possibilité de personnaliser les interfaces avec l'arrivée des technologies HTML5 et JavaScript.

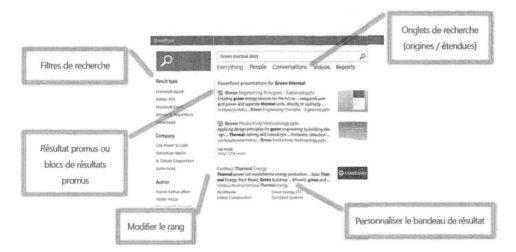

- Les filtres de recherche permettent à l'utilisateur de filtrer les résultats affichés sur base des métadonnées accompagnant les éléments remontés par le moteur de recherche : les champs de métadonnées sont généralement utilisés pour présenter des filtres contextuels par type de contenu ;

- Les origines de recherche (sources de résultats) correspondent à des onglets de filtres horizontaux sur les contenus proposés dans la page de résultats : les sites, les

APPs et les types de contenu figurent généralement en cette bonne place comme onglet de recherche horizontal (créer une origine de résultats) ;

- Personnaliser le bandeau de résultat permet de créer des bandeaux, en choisissant les métadonnées que l'on souhaite faire apparaître par type de contenu ;

- Les résultats promus et les blocs de résultats permettent de publier des résultats en fonction de certaines requêtes prédéfinies (créer une règle de requête) ;

- Modifier le classement du résultat permet également d'influencer la présentation des résultats de recherche dans le but de promouvoir des résultats en fonction de requêtes prédéfinies (créer une règle de requête).

AJOUTER UNE RÈGLE DE REQUÊTE

Une règle de requête permet de changer la présentation des résultats de recherche, sous des conditions que vous allez définir. Pour créer une règle de requête :

1. Sur la page de « Paramètres de site », cliquer sur [Règles de requête].

2. Sélectionner la source d'index « Local SharePoint Results (système) » sur laquelle nous allons appliquer notre règle de requête des résultats de recherche (l'index est lui-même structuré en plusieurs sections) pour créer une nouvelle règle de requête.

3. Saisir le nom de la règle.

4. Définir le contexte (la condition) de la requête :

   ✓ Correspondance simple,

   ✓ Requête avancée,

   ✓ Établi sur un référentiel géré (magasin de termes, dictionnaires, termes d'action...).

5. Choisir l'action sachant qu'il existe trois types d'action possibles :

   ✓ Créer un résultat promu et visible dans la page de résultat ;

   ✓ Créer un bloc de résultat visible dans la page de résultat (uniquement version Entreprise Server ou à partir d'O365 E3) ;

   ✓ Créer une modification du classement du résultat non visible dans la page de résultat (uniquement version Server Entreprise ou à partir d'O365 E3).

Ces trois actions présentées, pages suivantes, peuvent être déclenchées immédiatement, de manière différée ou selon une plage de dates à définir.

Créer un résultat promu

Pour créer un résultat promu, saisir un titre et une URL suffit pour « promouvoir un résultat », mettre en avant ou suggérer un élément particulier dans le site (page, application, élément de liste ou de bibliothèque) ou en dehors.

Créer un bloc de résultat

Ajouter un bloc de résultats consiste à appliquer un filtre supplémentaire masqué pour l'utilisateur final, dans le but de mettre en avant ou suggérer un élément particulier dans le site (page, application, élément de liste ou de bibliothèque).

Techniquement, vous allez spécifier à SharePoint de transformer « à la volée » la requête saisie par l'utilisateur, en lui ajoutant un ou plusieurs filtres, un ordre particulier.

Cette transformation de la requête est saisie au travers d'une interface de génération de requête. Le langage de requête est simplifié car le SQL n'est plus autorisé depuis l'édition 2013 Serveur et a été remplacé par le KQL (simple) et le FQL (complexe et uniquement en environnement Serveur). L'interface de construction de requête qui simplifie grandement le travail de création de requête possède deux niveaux d'interface : rapide et avancé.

- Le mode rapide va vous proposer des filtres prêts à l'emploi, comme le type d'élément (un type de contenu, un mot-clé, un élément par rapport à l'utilisateur actif, ce qui a changé récemment...) et la délimitation de la recherche en termes d'éléments structurels (la collection de site courante, le site courant, une URL déterminée) ;

- Le mode avancé va vous proposer de composer votre requête selon trois listes de choix présentes :

- ✓ Modifier la source de résultats parmi les sources de résultats qui sont définies (sachant que vous pouvez ajouter vos propres « sources de résultats », avec l'aide de ce même générateur de requête) ;

- ✓ Ajouter à la requête de l'utilisateur un paramètre de filtrage comme le nom de l'utilisateur actif ou une délimitation de la recherche en termes d'éléments structurels (la collection de site courante, le site courant, une URL déterminée) ;

✓ Ajouter à la requête de l'utilisateur un paramètre de filtrage basé sur une propriété (une URL, une APP, un type de contenu, un type de fichier, un titre et n'importe quelle colonne indexée dans la recherche).

On peut utiliser des opérateurs booléens pour ajouter des éléments de requêtes aux éléments de requêtes (plusieurs URL, plusieurs sites, plusieurs APPs, plusieurs types de contenu) ou en exclure, comme sur les exemples ci-dessous !

Exemple de requêtes avancées	▪ Path:"https://xxx.sharepoint.com/site/ReferenceDocuments/
	▪ Path:https://xxx.sharepoint.com/sites/* ContentTypeId:0x0101* CreatedBy={User.Name} OR ModifiedBy={User.Name}
	▪ Path:https://xxx.sharepoint.com/sites - Path:https://xxx.sharepoint.com/sites/Archive/
	▪ Path:"https://xxx.sharepoint.com/teams/*" OR Path:"https://xxx.sharepoint.com/sites/Archive/"

Enfin, le générateur de requête possède deux onglets pour affiner les résultats obtenus et pour modifier l'ordre d'affichage des résultats comme lorsque vous changez l'ordre dans l'affichage d'une liste.

Créer une modification du classement du résultat

Modifier le rang des résultats tels que restitués par défaut par le moteur de recherche permet d'imposer le changement sans prendre la forme visible d'un résultat promu ou d'un bloc de résultats. Comme pour le bloc de résultat, vous devez utiliser le générateur de requête pour filtrer les résultats de recherche qui remontent par défaut.

CRÉER DES ONGLETS DE RECHERCHE PERSONNALISÉS

Il est possible de créer des « onglets » de recherche, ces filtres horizontaux aperçus précédemment sur les sites de recherche « Métier ».

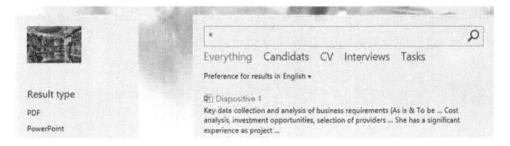

Dans l'exemple ci-dessous, les « onglets » se nomment Everything, Candidats, CV, Interviews et Tasks :

- À chaque onglet correspond une page de site dédiée portant le même nom que les onglets ;

- Sur chaque page, un filtre est appliqué pour ne « remonter » que les résultats souhaités sur base d'une requête filtrant sur une URL, un site, une APP, un type de contenu *via* le générateur de requête présenté ci-avant (la requête peut être définie au niveau de la page ou la page peut se baser sur une source de recherche).

CRÉER UN FILTRE DE RECHERCHE

Sur chaque page, vous pouvez choisir d'afficher des filtres d'affinements.

Chaque filtre d'affinement est lié à une colonne disponible en tant que telle dans le schéma de recherche : par conséquent, seuls les administrateurs de la console d'administration Serveur ou SharePoint Online.

La configuration du WebPart est simple puisqu'il n'y a pas de règles de requêtes : vous pouvez choisir l'ordre de haut en bas des différentes colonnes de filtre de raffinement, adapter les libellés, permettre la sélection unique ou la sélection multiple (comme dans l'exemple ci-dessous où le filtre Skills n'est uniquement disponible sur la page des résultats des CV et la sélection multiple est permise).

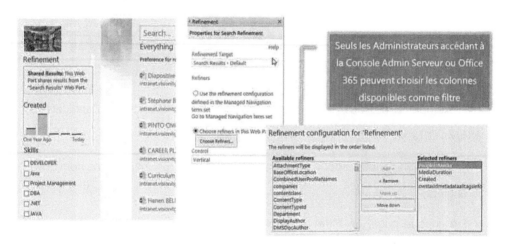

PILOTER LA PERTINENCE DE LA RECHERCHE

Vous avez personnalisé la recherche de votre solution SharePoint et vous souhaitez savoir comment le moteur de recherche est utilisé ? Quels sont les mots recherchés ? Quels sont les mots posant problème ? Est-ce que vos règles de requête sont pertinentes ?

L'administrateur de collection de sites a la possibilité d'obtenir des rapports concernant l'utilisation de la recherche.

Sur la console d'administration de la collection de sites, dans le menu d'administration de la collection de sites, cliquer sur [Rapports de popularité et de recherche] :

- Requêtes les plus fréquentes par jour ou par mois,

- Requêtes abandonnées par jour ou par mois,

- Requêtes sans résultat par jour ou par mois,

- Utilisation des règles de requête par jour ou par mois.

Administration de la collection de sites
Corbeille
Origines des résultats de la recherche
Types de résultats de recherche
Règles de requête de recherche
Schéma de recherche
Paramètres de recherche
Importation de la configuration de recherche
Exportation de la configuration de recherche
Fonctionnalités de la collection de sites
Hiérarchie des sites
Paramètres d'audit de la collection de sites
Rapports du journal d'audit
Connexion au site portail
Modèles de stratégie de type de contenu
Métriques de stockage
Autorisations des applications de la collection de sites
Stratégies de site
Rapports de popularité et de recherche
Publication de type de contenu
Sécurité des champs HTML
Paramètres de l'aide

Pour aller plus loin : les applications basées sur le moteur de recherche

> ### Les applications basées sur le moteur de recherche

Les applications suivantes sont basées sur la recherche de SharePoint :

- La mutualisation des contenus entre collections de sites (la publication de contenus mutualisés entre collections de sites, la gestion des variations linguistiques, le service de traduction intégré pour les termes et les contenus) ;

- Le modèle de site de e-discovery, qui va être remplacé sur SharePoint Online en juillet 2017 ;

- Uniquement disponible sur SharePoint Online d'Office 365, Delve est un mur d'informations personnel, publiant du contenu basé sur des résultats de recherche relative à l'activité de l'utilisateur et à ses interactions « sociales » (e-mail interne, collaboration SharePoint...) bien entendu dans le strict respect des autorisations. Notez que depuis juin 2015, tout utilisateur peut taguer les documents dans des « tableaux » (des catégories qu'ils sont libres de nommer, remplaçant la fonctionnalité « Balises » qui a disparu sur les éditions Online et 2016 Server). Sur Office 365, Delve est la porte d'entrée sur le « MySite », modèle de site détaillé au chapitre 6 (tome 2) permettant d'accéder à ses données de profil utilisateur, son blog personnel...

En attendant vos propres **applications basées sur la recherche**

Nous avons évoqué, dans ce chapitre, la richesse fonctionnelle de SharePoint concernant la personnalisation des interfaces de recherche (site et pages de résultats).

Trois applications de la personnalisation de la recherche vous sont proposées

- Le moteur de recherche unifié

- Les applications Métier basées sur la recherche

- L'assistant personnel de recherche

Le moteur de recherche unifié

Par de simples actions de paramétrage avancé, vous pouvez ainsi personnaliser le moteur de recherche de SharePoint pour lui donner les fonctionnalités d'un moteur de recherche global, le « Google de votre entreprise » qui pourra répondre à des requêtes couvrant plusieurs sites et même plusieurs collections de site : dans ce cas, il faudra certainement créer des filtres horizontaux pointant sur des URL, des sites, des APPs ou des types de contenu particuliers, comme dans les exemples ci-dessous.

Vous aurez ainsi commencé à vous attaquer à cette poche d'improductivité que représente le temps passé à rechercher l'information.

Les applications Métier basées sur la recherche

Pour aller plus loin dans les gains de productivité d'équipe, vous pourrez proposer à vos utilisateurs des expériences de recherche alignées sur la personnalisation de leur scénario de

collaboration « Métier » : ainsi, pour l'équipe de recrutement, après avoir construit un

site collaboratif autour de quatre APPs, on alignera totalement SharePoint à la solution « Métier » désirée via la personnalisation d'un sous-site de recherche, avec quatre filtres

horizontaux adaptés et, à chaque fois, le déploiement de filtres d'affinement verticaux pertinents pour retrouver l'information recherchée en limitant l'ouverture des documents et des éléments. SharePoint va vous permettre d'aller plus loin en vous aidant à dé-siloter l'information : forte tendance actuelle, les organisations souhaitent par exemple mettre en place la vision Client 360° pour améliorer la qualité des interactions, augmenter le taux de fidélisation et accroître les revenus générés. La mise en place de plateforme de travail collaboratif entre départements ou services va permettre de partager des informations initialement réparties entre différents silos, tout en respectant les permissions des uns et des autres : le sous-site de recherche va compléter la plateforme collaborative et dégager du temps pour des collaborateurs qui n'auront plus à gérer des actions

manuelles de partage d'informations sous forme de création de doublons et d'envoi d'e-mail. D'autres applications « Métier » basées sur la recherche vont permettre de capitaliser sur le patrimoine informationnel des organisations.

L'assistant personnel de recherche

Et si le moteur de recherche constituait la page d'accueil de votre nouvel intranet ? Miser

sur les fonctionnalités de recherche de SharePoint pour construire des interfaces de facilitation va vous permettre de mettre en place une stratégie *Data Driven* efficace,

intégrant l'amélioration de l'expérience utilisateur. Vous pouvez ainsi utiliser le couple suggestions-liens promus pour construire une navigation basée sur la recherche. Vos téléphones portables de dernières générations possèdent déjà ce type de programme qui vous simplifie la navigation et l'utilisation des interfaces par le biais de questions, de suggestions et de raccourcis : vous pouvez ainsi personnaliser le moteur de recherche de

SharePoint pour lui donner les fonctionnalités d'un assistant personnel, une sorte de « Siri d'entreprise ». Enfin, la

recherche va vous permettre de déployer des pages centrées sur l'utilisateur. Contrairement à Delve, vous pourrez choisir de publier certaines informations ayant du sens pour l'utilisateur en lien avec son activité dans un espace intranet ou de collaboration donné : les fonctionnalités de la recherche vont ainsi être largement utilisées lorsque l'on souhaite mettre en place un « Digital Workspace » SharePoint (chapitre 9 du tome 2).

My Customer sites

To create a Customer Site, click here

List with paging feature to find the customer site ; also, use the search bar on the right side of the page

Click to go!

My 10 latest documents

A list of links to your latest 10 created or modified documents

Click to read!

Conclusion

Comme vous avez pu le constater, ce livre est loin de détailler tous les modes opératoires nécessaires pour transformer son SharePoint en intranet ou en plateforme de travail collaboratif ; depuis le développement commercial d'Office 365, des modes opératoires vidéos et textuels sont détaillés sur des pages du site internet (https://support.office.com/). Cet ouvrage avait essentiellement vocation à vous offrir un cadre méthodologique quant à l'adoption des fonctionnalités courantes, à être parfois un cadre de découverte de fonctionnalités avancées méconnues mais surtout à constituer une source de réflexion pour nourrir l'indispensable vision concernant le poste de travail du futur au travers de SharePoint. Comme présenté tout au long de ce premier tome, un second tome abordera des thématiques de l'adoption de SharePoint plus avancées et des points méthodologiques de la conception et de la gouvernance au-delà de la seule vision du déploiement bureautique de l'outil :

- 6 | Je ne suis pas convaincu de la nécessité de déployer les fonctionnalités de réseau social de SharePoint dans ma future organisation de travail

- 7 | J'ignore que je peux créer des applications « Métier » sans devoir développer

- 8 | Je n'ai pas compris la place de SharePoint dans l'offre Business Intelligence (BI) de Microsoft

- 9 | J'ai entendu parler du « Digital WorkPlace » mais comment puis-je m'y prendre simplement avec SharePoint ?

- 10 | Je ne suis pas certain d'avoir mis en place une gouvernance efficace

Table des matières